Die Gattung der Physiologien hatte in den vierziger Jahren des 19. Jahrhunderts ihre Blütezeit in der Pariser Presse. »Physiologie«, so Balzac, »ist die Kunst, über welchen Gegenstand auch immer durchaus inkorrekt zu sprechen und zu schreiben … daß es einen erheitert und einem vor lauter Lachen die Kiefer auszurenken vermag … Man erfährt aus ihrer Lektüre erheblich mehr Witz und Geist als ihn ein *homme d'esprit* in einem Monat zu versprühen vermag.«

Dem Vorbild jener Physiologien sind die *Zeitgemäßen Physiologien* verpflichtet, die im Feuilleton der *Süddeutschen Zeitung* erscheinen und von denen hier eine Auswahl vorgelegt wird. Im Unterschied zu ihren Vorbildern befassen sich die *Zeitgemäßen Physiologien* aber ausnahmslos mit sozialen Phänotypen, mit Persönlichkeiten also, die bestimmten traditionellen beruflichen oder gesellschaftlichen Rollen genügen. Die Historizität der jeweiligen Rolle war dabei ein entscheidendes Kriterium, garantierte diese doch die »Fallhöhe« zwischen einst und jetzt, die sich als Ironie materialisierte. Ein weiteres Erfordernis bestand im konkreten oder aktuellen Anlaß, sich mit einem bestimmten sozialen Phänotyp auseinanderzusetzen. Die Feststellung jedoch, daß viele der in diesem Band versammelten zeitgemäßen Physiologien über ihren jeweiligen Anlaß hinaus eine vergnügliche Lektüre sind, mag getrost ihrem Leser überlassen bleiben.

insel taschenbuch 2160

Die Geliebte

2,99 €

Kauf durch Sabine
bei Thalia Amstetten
im Oktober 2006

DIE GELIEBTE

und andere zeitgemäße Physiologien
Herausgegeben von Johannes Willms

Insel Verlag

Umschlagabbildung:
Michael Mathias Prechtl,
Die Schule von Fontainebleau, 1994

insel taschenbuch 2160
Erste Auflage 1998
Originalausgabe

Vertrieb durch den Suhrkamp Taschenbuch Verlag
Umschlag nach Entwürfen von Willy Fleckhaus
Satz: MZ-Verlagsdruckerei GmbH, Memmingen
Druck: Nomos Verlagsgesellschaft, Baden-Baden
Printed in Germany

1 2 3 4 5 6 – 03 02 01 00 99 98

INHALT

DIE GESELLSCHAFT IM PANOPTIKUM

In den 40er Jahren des 19. Jahrhunderts wurden die Pariser Buchhändler von einer Welle kleinformatiger, mit satirischen Zeichnungen illustrierter Bücher überschwemmt, die alle nach demselben Muster geschrieben und gestaltet waren und die in ihrem Titel ausnahmslos den Begriff »Physiologie« führten. Welche Bedeutung dieser Begriff hatte, das verrieten einem diese Titel nicht, hatten sie doch gleichermaßen Personen, Gegenstände, Orte oder Ereignisse zu ihrem Thema.

Die weitschweifigste Definition dieser »Physiologien« findet sich, wo sonst, in der am 11. September 1841 publizierten *Physiologie des Physiologies*, während die prägnanteste von Balzac in seiner *Monographie de la Presse parisienne* gegeben wird. »Heute«, so heißt es hier, »bedeutet die Physiologie die Kunst, über welchen Gegenstand auch immer, durchaus inkorrekt zu sprechen und zu schreiben und sich dazu eines kleinen blau oder gelb gewandeten Büchleins zu bedienen, für das einem 20 *sous* unter dem Vorwand aus der Tasche gezogen werden, daß es einen erheitert und das einem vor lauter Lachen die Kiefer auszurenken vermag. (...) Ganz Paris balgt sich um diese Physiologien, und man erfährt aus ihrer Lektüre erheblich mehr Witz und Geist, als ihn ein *homme d'esprit* in einem Monat zu versprühen vermag.«

Die »Physiologien« haben im wesentlichen zwei »Väter«: Der eine ist der Chefredakteur des von ihm gegründeten Satire-Magazins *Charivari*, Charles Philipon, ein Journalist und Zeichner von hohen Graden, der nach der Juli-Revolution von 1832 entscheidende Beiträge für die Entwicklung der modernen politischen Karikatur in Frankreich lieferte. Der andere ist S.-P. Peytel, der mit seiner bereits 1832 erschienenen *Physiologie de la Poire* den Musterentwurf für ein heftiges, gegen Louis-Philippe, den »Bürgerkönig«, gerichtetes Pamphlet lieferte. Peytel bediente sich dabei der populärwissenschaftlichen, sprich »physiologischen« Theorien der Zeit, die sich anheischig machten, die gesamte belebte und unbelebte Natur mittels eines Linnéschen Systems zu klassifizieren und zu kategorisieren. Diese Theorien amalgamierte er geschickt mit den ebenfalls sehr gängigen Sittenschilderungen, um daraus einen bitter-satirischen Extrakt zu destillieren. Im Vorwort zu seiner *Physiologie de la Poire* hat Peytel bereits die »Theorie« der späteren »Physiologien« beschrieben:

»Die ausführlichen Werke machen dem Publikum angst. Wonach jetzt verlangt wird, ist eine Politik in Pamphleten, eine satirische Literatur in wöchentlichen Lieferungen und strikt resümierenden wissenschaftlichen Abhandlungen. Der Wunsch, alles in möglichst gedrängter Form darzustellen, ist allenthalben zu bemerken. Die Welt besteht im Augenblick, da wir dieses niederschreiben, nur noch aus ungeduldigen Lesern und gehetzten Schreibern... Ich habe diese die Epoche beherrschende Tendenz, alles zu verkürzen, alles zu verkleinern, erkannt und verstanden.«

Peytels Theorie der »Physiologie« wurde dann von Philipon und seinen Mitarbeitern bei *Charivari*, die ausnahmslos Journalisten waren, in die Praxis umgesetzt. Das erste Beispiel lieferte Louis Huart, dessen *Physiologie du Journaliste* 1840 zunächst in mehreren Lieferungen in diesem Satiremagazin erschien. Daß das Genre mit einer Selbstironie seiner Autoren begonnen wurde, zeigt, daß die »Physiologien« weniger als politische denn als gesellschaftliche Satire gedacht waren, die nicht so sehr Kritik üben, als vielmehr ihr Publikum auf intelligente Weise unterhalten wollten. Deshalb sind die Themen der »Physiologien« vorzugsweise Phänomenen des Pariser Lebens gewidmet, die sie zu einem satirisch-vergnüglichen Panoptikum der bürgerlichen Gesellschaft auf der weltstädtischen Bühne von Paris versammeln.

Auch wenn bis zum Ende des 19. Jahrhunderts »Physiologien« erschienen, so erlebten diese ihre eigentliche Blütezeit in den Jahren 1841-1842. Der Grund ist einfach der, daß das Genre bald verbraucht war, die Inhalte ledern und langweilig wurden und auch die Illustrationen rasch an Witz und Pfiff verloren. Allein Daumier lieferte die Holzschnitte für 21 Physiologien, die 1841-42 erschienen. Fast ebenso viele wurden von Gavarni im nämlichen Zeitraum illustriert, ein Umstand, der beweist, daß diese, die zu den bedeutendsten Künstlern ihrer Zeit zählten, sich keineswegs zu schade waren, dreißig bis sechzig Zeichnungen oder Vignetten für eine »Physiologie« beizusteuern. Entsprechendes gilt für die Autoren ihrer Texte, unter denen neben Honoré de Balzac Journalisten und Schriftsteller wie Louis Huart, Albert Clerc, Paul de Kock oder Taxile Delord figurieren.

Dem Vorbild jener »Physiologien«, wie sie in den 1840er Jahren in Paris im Schwange waren, sind die *Zeitgemäßen Physiologien* verpflichtet, die im Feuilleton der *Süddeutschen Zeitung* erscheinen und von denen hier eine Auswahl vorgelegt wird. Im Unterschied zu ihren Vorbildern befassen sich die *Zeitgemäßen Physiologien* aber ausnahmslos mit sozialen Phänotypen, mit Persönlichkeiten also, die bestimmten traditionellen beruflichen oder gesellschaftlichen Rollen genügen. Die Historizität der jeweiligen Rolle war dabei ein entscheidendes Kriterium, garantierte diese doch die »Fallhöhe« zwischen einst und jetzt, die sich als Ironie materialisierte. Ein weiteres, sowohl den journalistischen Bedingungen einer Tageszeitung wie dem Interesse des Publikums genügendes Erfordernis war es sodann, daß es jeweils einen konkreten und aktuellen Anlaß gab, sich mit einem bestimmten sozialen Phänotyp auseinanderzusetzen. Die Feststellung jedoch, daß viele der in diesem Band versammelten *Zeitgemäßen Physiologien* über ihren jeweiligen Anlaß hinaus eine vergnügliche Lektüre sind, mag getrost ihrem Leser überlassen bleiben.

München, im Februar 1997 *Johannes Willms*

DIE GELIEBTE

Allein das Wort hat einen altmodischen Klang. Geheimnis und Verrat hört man darin, eben all das, was zur Liebe auch gehört, auch ihre Vergänglichkeit. Und nach Vergangenem klingt ja das ganze Wort, ein Ehrentitel im Grunde. Statt dessen führen nur noch eifersüchtige Ehefrauen und ältere Herren und all diejenigen, die von derlei Charakterschwächen profitieren, es im Munde oder auf den Titeln ihrer Magazine, Reporte und Ratgeber. Es ist dies Wort – auch Worte haben ihre Zeit – ein Anachronismus, wie die Person selber, die es bezeichnet, ein Geschöpf eigentlich früherer Jahrhunderte, nur daß sie heutzutage betrogen ist um deren Annehmlichkeiten, eine Figur aus Romanen und charmanten kleinen Novellen, nur lebt sie diesen Roman noch immer, und es handelt sich dabei um die reinste Kolportage.

Natürlich wird die Geliebte – zu Anfang sind ja alle Geschichten einzigartig – dies bestreiten und auf ihrem reinen Gefühl beharren. Aber an irgendeinem Punkt der Affäre wird sie feststellen, daß in der Tat sie die Betrogene ist, betrogen nicht nur um dies Gefühl, sondern um ihre Geschichte: sie ist eine Wiederholungstäterin, mag ihr all dies auch zum erstenmal widerfahren.

Es ist ja nicht allein, daß sie noch einmal durchleben muß, was so viele ihr schon vorausgelebt haben; es gibt darin natürlich auch im Laufe der Zeit Variationen. Welcher Ehemann wagte heute noch, einer potentiellen Geliebten sich zu nähern mit der Phrase, daß seine Ehe nur mehr auf dem Papier bestünde. Heutzutage gestehen sie von Anfang an, daß sie an einer Veränderung ihrer Verhältnisse keineswegs interessiert seien. Später wird daraus ein immer wiederkehrender Vorwurf gegen die Geliebte.

Der Anachronismus

Nein, das eigentlich Anachronistische ihrer Erscheinung ist, daß ihre Existenz unmittelbar an die Existenz von Tabus geknüpft schien. Aber da es derlei Tabus nicht mehr gibt – die Scheidung ist inzwischen ja der Normalfall –, hat die Geliebte ihre Daseinsberechtigung eingebüßt, die soziale zumindest, die nicht nur der Unauflöslichkeit der Ehe sich verdankte, sondern auch der Einhaltung gewisser gesellschaftlicher Regeln; es gibt diese wohl noch immer, nur daß das Tabu nun der Geliebten selber gilt, einer Person, die es nicht mehr geben dürfte.

Es fanden sich ja, daran erst läßt sich das Elend heutiger Geliebter ermessen, ihre Vorgängerinnen wenigstens in der Lage, daß ihnen, und keineswegs nur den professionellen unter ihnen, ein gesellschaftlicher Status gesichert war, ein machtvoller sogar in früheren Jahrhunderten. Später mochte ihre Herrschaft heimlicher sein, was ihren Wert und ihre Wirkung nicht geringer erscheinen ließ; zumindest ihr kultureller Einfluß war unbestritten.

Das gilt nicht nur für jene verklärten Mätressen in ihren Salons, auch für deren traurigere Nachfahrinnen, die Grisetten und süßen Mädels; sie brachten immerhin noch ganze Zweige von Kunst und Literatur zur Blüte. Einstmals war die Geliebte eine Institution, und sie blieb es noch eine Weile, nachdem der Wert der Ehe nicht mehr allein in ökonomischen oder sozialen Vorteilen bemessen werden sollte, zumindest in jenen Gesellschaften, in denen Formen noch etwas galten. Vielleicht war ihr auch darum in Deutschland, wo alles auf das Innen ankam, nie jene Karriere beschieden, die sie in Frankreich oder Italien noch immer erleben kann.

Natürlich waren da jene tragischeren Fälle, die beklagenswerten Geschöpfe, die, weil ihr sozialer Stand dies verhinderte, nichts anderes erhoffen durften, als eine Weile ausgehalten und am Ende mit einem Handschuhladen abgefunden zu werden. Und natürlich wagte niemand mehr, von der Geliebten zu sprechen, ohne zugleich auf ihre Ausbeutung hinzudeuten, mochte diese auch durchaus, für eine Zeitlang wenigstens, wechselseitig sein.

Aber wer zweifelte nicht gelegentlich, ob ein wirklicher Fortschritt in Liebesdingen möglich sei? Und ist denn eine Institution so gänzlich verdammenswert, in der nicht nur die ewige Zerrissenheit aufs schönste gebändigt schien, nicht nur die der Männer, zwischen ihrer Verpflichtung auf die Monogamie und ihrer Neigung? Es stünde doch, so heißt es bei Guy de Maupassant, der immerhin sein halbes Schreibleben eben diesem Thema widmete, jemand, der sein Leben lang mit einer (es gilt dies, er sagt es ausdrücklich, übrigens auch von den Frauen) sich begnügte, genauso außerhalb der Naturgesetze wie jemand, der sich nur von Salat ernährte.

Und es sind jene alten, schon einmal für tot erklärten Begriffe von Leidenschaft und Hingabe und Schuld ja noch immer ganz lebendig, allen Experimenten zum Trotz, und ein Irrglaube ist, daß eine ordentliche Verteilung der Rollen mit einer Einbuße an Freiheit unweigerlich einherginge. Das Gegenteil ist wohl manchmal der Fall.

Nun aber scheint auch noch der gnädige Ausweg der Lüge – die Ehemänner haben ihn sich wohl immer zu bewahren versucht, das aber büßen sie mit den Klagen ihrer Geliebten – in dem Maße versperrt, in dem die einst gelobte Offenheit sich als nicht praktikabel erwiesen hat. In diesem Dilemma, unter dem Diktat der Freiheit und Freiwilligkeit, siecht die Geliebte dahin: sie hatte ja immer die Wahl, einerseits. Andererseits entsteht in ihr die Erkenntnis, daß Irrationalität vielleicht mehr als nur ein Zeichen von schlechtem Geschmack sein könnte.

Traute sie nur ihrem Gefühl. Statt dessen aber wird sie, als sei ihre Lage nicht schon mißlich genug, weil sie unter all den verfügbaren Männern ausgerechnet den einen sich ausgesucht hat, über den sie nur eingeschränkt verfügen kann, schon bald nach Rechtfertigungen suchen, daß sie sich aus freien Stücken in diese Lage begeben hat – in eine Lage, die nicht nur ihren eigenen Ideen davon widersprechen muß, sondern auch der Idee von Emanzipation und schwesterlicher Solidarität und all den Regeln konkreten Verhaltens.

Wenn sie am Anfang noch der Vorteile sich versichern wollte, daß es an besserer Gelegenheit gerade wieder einmal mangelte und sie an einer dauerhaften Bindung ohnehin nicht interessiert sei, am Ende wird sie nur mehr auf die Nachteile sich besinnen, jenen einen vor allem, daß sie sich ihrer Freiheit beraubt hat, um in erzwungener Passivität sich in dieser Selbstbeschränkung ständig inne zu werden.

In solcher Lage sucht die Geliebte das Klischee, sie zieht es geradezu an; und schon bald wird es ihr Denken vollkommen absorbieren, jenes eigentliche Zerrbild wirklicher Liebeskultur, auf das sie sich kapriziert, das Wäschermädel; darauf, daß sie im Grunde eine Unterlegene ist, zweitrangig, die Frau, die nicht geheiratet wird. Und nicht einmal von den zumindest ökonomischen Vorteilen ihres unseligen Beispiels kann sie profitieren, weil sie, eine berufstätige Frau in der Regel, darauf bestehen wird, ihre Reisen selber zu zahlen, solange sie dies kann. Es ist sogar der Fall überliefert, daß eine Geliebte dem Liebhaber ihre Kreditkarte zur Verfügung stellte, um die Anti-Falten-Creme für seine Frau zu kaufen.

Die Agonie

Wer achtete noch hoch genug, daß zumindest das Ideal der Liebe mit ihr fortlebt? Sie tut es selber am allerwenigsten. Für die Frauen eine Bedrohung, für die Männer, wenngleich der Liebhaber einer gewissen, neidvollen Anerkennung sich erfreuen darf, nicht minder; ein Sicherheitsrisiko, wird sie nicht zu schätzen wissen, was ihre Existenz eigentlich begehrenswert machte: daß sie, für Augenblicke wenigstens, die Ahnung der Liebe erfuhr.

Und es gibt doch kein anderes Glück als für den Augenblick, und keinen dankbareren Liebhaber als den Ehemann, der sich, soeben den Fesseln der Gewohnheit entronnen, doch ebenso gewiß, daß die Ehefrau getreulich auf ihn warten wird, der Illusion der Freiwilligkeit hingibt. Aber all das gilt ihr nichts, all das wird sie vergessen haben, sobald sie nur noch das eine Ziel im Auge hat, daß sie, was ihr als Beweis der Liebe erscheint, die einzige und er ihr Eigentum werde.

Dann aber hat die Agonie der Geliebten begonnen. Gelegentlich mag ihr noch dämmern, daß ihr Fall nichts anderes sei als die gewöhnliche Aporie der Liebe, ihre Vergänglichkeit und ihr Streben nach Ewigkeit. Doch keine größere Meisterin der Spekulation gibt es als die Geliebte, die einmal entschlossen ist, sich selber abzuschaffen. All ihr Denken drängt danach, Beweise zu erlangen für das Eintreten der letzten Möglichkeit, und – eben noch entschieden, nie mehr zu fragen – wird sie in der nächsten Minute Bekenntnisse von ihm fordern.

Ohnehin dient ihr alles nur mehr zum Zeichen, wenn er heute eine Stunde länger geblieben oder wenn er sich früher als gewöhnlich verabschiedet. Vielleicht, daß auch er nicht mehr die ständigen Abschiede ertrüge; wenn er gestern müde war, dann ja nur wegen ihrer Klagen, weil er vielleicht auch mehr Zeit brauche. Sie wird geduldiger sein, sie schwört es sich. Aber eigentlich habe er schon viel zu lange gezögert, denn feige ist er wie alle; nie mehr werde sie ihn also anrufen, vermissen soll er sie. Doch wie lange es wohl dauern wird, bis man jemanden vermißt? Also könnte sie auch gleich anrufen.

Manchmal denkt sie auch an die Ehefrau. Natürlich würde ihr nie widerfahren, was der anderen gerade angetan wird. Wie kommt die eigentlich dazu, einem den Mann wegnehmen zu wollen? Im schlimmsten Fall wird es gelingen, daß wieder einmal aus einer Geliebten eine Ehefrau wird.

Annette Meyhöfer

DIE AMAZONE

Jetzt, jetzt müßte es hinter ihren halb geschlossenen Lidern blitzen, das menschliche Antlitz verschwinden, das Raubtier seine Fratze zeigen, jetzt müßten die Arme zur tödlichen Schlinge werden, ich würde die Haut der Anakonda spüren, der Basiliskenblick würde mich treffen, ich würde fühlen, wie die kalte Lähmung langsam von den Füßen aufsteigt. In die Wollust würden sich Höllenqualen mischen. Ich würde den tiefsten Blick hinter den Schleier tun, seit Achill in den Armen Penthesileas lag, Mâtho in Salammbôs Brüsten sich vergrub und Caesar zwischen Cleopatras Schenkeln versank. Der Venusberg und Dantes Hölle würden sich vermischen. Jetzt, jetzt greift sie hinter das Kopfkissen. Kalter Stahl blinkt auf …

Sie tappt nach ihrer Brille, bläst die Aromakerze aus, rollt sich auf ihrer Seite zusammen und verfällt sofort in mächtiges Schnarchen. Ach, Sainte Beuve, wie beneide ich dich um die diabolische Madame R., um die dämonische Schönheit, »die geradewegs zu den Töchtern der ersten gefallenen Völker zurückzuführen scheint«, die man nicht von Angesicht zu Angesicht mißt, »sondern lieber von weitem, über Nakken und Rücken hinweg, so wie der Jäger, der ein Raubtier aufs Korn nimmt«.

Männerphantasien …

Du wirst heute um die letzte, herrlichste Angst betrogen, um den Kitzel des Risikos, für das Wagnis der vollkommenen Sinnlichkeit, alles zu verlieren, was dich als Mann ausmacht. Die herrliche Angst vor der Vagina dentata, vor der Edmond de Goncourt so erschrak, als ihm träumte, auf einer Gesellschaft würde plötzlich eine völlig nackte Frau auf einen Tisch springen und beim Tanz ihre Schamteile entblößen, die mit den schrecklichsten Kinnladen und ständig auf- und zuklappenden doppelten Zahnreihen ausgestattet wären, ist mit dem neunzehnten Jahrhundert versunken. Dieses Zittern vor den Amazonen, die einst Athen überfielen, um dessen kühnste Kämpfer zu entführen, sich von ihnen schwängern zu lassen und sie dann zu entmannen. Dieser Schrecken vor dem männermordenden Weibervolk, das seine maskulinen Nachkommen bei der Geburt erstickte, das um der Armfreiheit beim Kampf sich die rechte Brust abschnitt, dieses Grauen vor Sarka, der böhmischen Rächerin, die mit ihren berittenen Weibern wie ein Wirbelsturm unter die schlafenden Männer fährt und sie zermetzelt.

Wo sind sie geblieben, die Vamps, für deren Blick man seine Hände in das Blut seiner Kinder getaucht, die Asche seiner Eltern in alle vier Winde zerstreut, alle Heiligen verflucht und sich dem Teufel verschrieben hätte? Wo sind sie hin, die Fürchterlichen, deren Monopol der sexuelle Kannibalismus ist, die die Dichter von Gautier bis Swinburne feierten, denen der Marquis de Sade ein Denkmal setzte? Die Amazone, eine Männerphantasie?

Katharina von Medici, die sich an der Bartholomäusnacht aufgeilte, Madame de Pompadour, die Mätresse Ludwigs XV., die den Siebenjährigen Krieg vom Zaun brach, weil Friedrich der Große einen seiner Hunde nach ihr benannte, Charlotte Corday, die Jean Paul Marat in der Badewanne erstach, Mata Hari, die ihre Liebhaber dutzendweise ruinierte und dabei umkam? Jawohl, alles Männerphantasien. Die Medici war eine fromme Christin, die den Franzosen italienische Kultur beibrachte, die Pompadour war eine der fähigsten Europapolitikerinnen der Aufklärung, Charlotte Corday war eine irregeführte Hausfrau, Mata Hari ein armes von Männern übers Ohr gehauenes Hascherl. Bleibt uns nur noch Lorena Bobbitt und ihr ecuadorianisches Amazonenvolk, und wir lesen mit Schaudern im Englischwörterbuch, daß bob soviel bedeutet wie gestutzter Schwanz und bit soviel wie Biß oder Schneide. Amerika, du hast es besser.

Aber hierzulande! Wo sind die berittenen Einbrüstigen? Sich vor eine Frauenkneipe stellen und sich als Busengrapscher Tritte zwischen die Beine, Ohrfeigen und Anzeigen einholen? Sich in Bioläden umschauen nach leicht verzerrten Zügen und ein wenig schräg gestellten Augen? Sollen wir auf Kirchentagen achtgeben auf geschürzte Mundwinkel, leicht geblähte Nasenflügel, in Gleichstellungsstellen auf Hohn und Grausamkeit, in Karatetrainingslagern auf hinreißend schöne Gesichter? Sollen wir im Linienbus auf das Mal im Rückenausschnitt warten, das uns die soeben der Hölle entsprungene Schönheit anzeigt?

Kein Gedanke mehr an den Medusenkopf. Wer aber behauptet, der Bubikopf, der Kurzschnitt, den Dalila dem Samson verpaßte, sei nun selbst im Amazonenvolk in Mode, woraus erhelle, daß Alice Schwarzer nicht dazugehöre, geht in die Irre. Auch dort finden wir die Amazonen nicht. In den Frauenkneipen, Karatetrainingslagern und auf den Kirchentagen begegnen uns nur Lots Töchter, von nichts anderem getrieben, als sich mit ihren eisgrauen Vätern zu paaren. Die deutsche Amazone von heute hat nichts gemein mit dem Traumvamp der französischen Romantiker, sie weiß nichts von Mary Wollstonecraft, der Begründerin der Frauenrechte, deren Tochter Frankensteins Monster erfand, sie hat nicht einen Hauch von den englischen Suffragetten, den Berliner Frauenbündlerinnen der zwanziger Jahre. Sie verachtet die modische Lesbe, die Sekretärin, die mit ihrem Chef schläft und danach den Frauentreff besucht. Die Amazone von heute ist Hausfrau und Mutter. Sie reitet auf ihrem Bubele daher, den sie mit Schlägen und Küssen mästet wie ein Schlachtvieh, dessen Cholesterinspiegel sie für immer mit süßen Belohnungen hochjagt und den sie mit Liebesentzug bestraft wie ihren Mops. Die Amazone vernachlässigt ihre Töchter, wodurch sie normal, gesund und intelligent werden. Sie erträgt alle Seitensprünge ihres Mannes, schaut gelassen zu, wie er sich aufreibt, durchkreuzt die Tage auf den Kalenderblättern, bis er tot aus der Intensivstation geschoben wird und zieht dann in das Strandhaus nach Florida. Die Amazone von heute ist Mülltrennerin. Sie sammelt mit Vorliebe Plastiktüten, um das Duale System zu kippen, stapelt Mahagonischreibtische auf den Sperrmüll, pflegt Ratten im Haus, um sie vor dem Zugriff von Versuchslabors zu retten.

Die Amazone von heute kauft ihre Wäsche bei Aldi, macht Ferien auf dem Bauernhof, zerkratzt die Türen der Autos, die halb auf dem Radfahrweg parken, schreibt Leserbriefe für Frauenparkplätze in Tiefgaragen und verbreitet überall um sich eine Zone des Rauchverbots. Sie erzieht ihren Sohn dazu, sich beim Pinkeln umgekehrt auf die Klobrille zu setzen und bedroht ihn, wenn er einmal heimlich im Stehen pinkeln sollte, mit einem lebenslangen Fluch. Sie sorgt dafür, daß der Mutter- und Frauenmord eine hohe, das Umbringen von Männern hingegen eine geringe Strafakzeptanz besitzt.

Die Amazone von heute ist Psychoanalytikerin und Psychotherapeutin. Sie hat ihre Lehranalyse hinter sich und unternimmt alles, um ihre Männer, Söhne und Liebhaber unter ungeheuren Schuldlawinen zu verschütten. Sie ist die Hüterin über den Kriechgang alles Softies. Sie tyrannisiert mit Waschzwang, bis die Männer zu Krieg und Vergewaltigung ausbrechen und spricht dann über sie das »Kreuzige«.

Erwürgt von Fleisch und Haar

Die Amazone von heute verlegt, wenn sie nicht Hausfrau und Mutter ist oder Therapeutin oder Buchhändlerin, Esoterik, Frauenliteratur und Erziehungsratgeber. Die Amazone von heute erstickt die Welt in Moral, im schlechten Gewissen gegenüber Robbenbabys und kleinen Ozonmolekülen. Hinter jedem aufsteigenden Flugzeug, hinter jedem röhrenden Motor, hinter jedem laut gesprochenen Satz, hinter allem Aufgerecktem, Geradegebogenem, über den Daumen Gepeiltem sendet sie ihre schnippelnden Zeige- und Mittelfinger her. Die Amazone von heute ist vor allem eins: sie ist langweilig.

Ach, und sei es ein Traum von intellektuellen Spechten, sich erwürgt zu wünschen von Fleisch und Haar. Stellen wir den Verkehr mit solchen Müttern, solchen Therapeutinnen, solchen Staub- und Marksaugerinnen, solchen wartenden Ehefrauen, solchen Cholesterin verfütternden Ammen unter Strafe. Proben wir erneut den aufrechten Gang und machen wir uns auf die Suche. Denn irgendwo in einer kleinen Stadt im Süden Spaniens wird es noch eine schäbige Zigarettenfabrik geben, vor der wir warten können, bis die Mittagspause die Mädchen ins Freie treibt und uns eine von ihnen eine Akazienblüte ins Gesicht wirft.

Michael Winter

DER NARZISS

Der Mann will immer nur das eine – seine Ruhe.

Die Narzisse reckt sich an der Böschung, als sei sie sich ihrer Schönheit bewußt, des weißen Blütensaumes um den orangenen Kelch auf hochragendem Stiel. Sie weiß nicht, worin ihre Existenz gründet, daß ihr eigentliches Selbst ein ganz anderes ist. Als Narcissus über eine Quelle gebeugt sich in sein Spiegelbild verliebte und, sich nach sich selbst verzehrend, die Nymphe Echo zurückwies, wurde er zur Strafe in eine Narzisse verwandelt. Selbstgenügsam ist die Narzisse, vermehrt sich meist nicht durch Samen, sondern indem sich ihre Zwiebeln teilen. So sehen wir sie jedes Frühjahr aus dem Boden sprießen, immer mehr von ihnen, die wonnigen Köpfe in ihren eigenen betörenden Duft gehüllt, auf niemanden bezogen, wie es der Blumen Art ist, allein dem unerreichbaren Wasser entgegengereckt.

Ach ja, Narziß verliebte sich ins eigene Spiegelbild, ein *imago*, das die Imagination beflügelt und das, so nennt man's heute, immer *image* bleibt. Die Verzückung über die eigene Schönheit birgt in ihrer ausschließlichen Autoerotik homoerotischen Reiz, indem sie das »Andere«, das Weibliche ausschließt. Narziß ist der Tänzer, der sich im Spiegel betrachtet, beflügelt vom idealisierten Wunschbild seiner Selbst, nicht seiner äußeren und inneren Wirklichkeit. Der stete Blick auf das eigene Spiegelbild bewahrt ihn davor, sein eigenes Selbst zu suchen, darin einzutauchen, was ihn instandsetzen würde, in Beziehung zur »Anderen« zu treten. Er könnte über die »Andere« lernen, sich selbst zu erkennen, ohne sie als bloße Reflexion seines *imago* zu mißbrauchen.

Aber dann wäre Narziß nicht mehr Narziß.

Vom Archetyp zum Prototyp

Narcissus, der Archetyp lebt fort in vielerlei Männergestalten, dicken und dünnen, schönen und häßlichen. Frauen, mit denen er sorgsam jede wirkliche Intimität meidet, lieben vergeblich an ihn hin, er wurde und wird begierig untersucht von den professionellen Seelenforschern. Seine spezifischen Eigenheiten formen ein Männerbild, das heute klarer, markanter zutage tritt denn je zuvor, nur – unseren Zeiten entsprechend banal. Aus dem Archetyp ist ein Prototyp geworden. Er vermag mit seinem intellektuellen Scharfsinn zu beeindrucken, mit seiner Fähigkeit zu analytischem und abstraktem Denken, an dem er großzügig andere, auch Frauen teilhaben läßt. Seine Selbstverliebtheit, sein Selbstmitleid, sein Sich-Verzehren nach einem utopischen Liebesideal, rein in der eigenen Phantasie, das ihn zu jeder wirklichen Beziehung untauglich macht, sein stetes Trachten, einzig und allein mit sich eins zu sein, das einer letztlich fruchtlosen Selbstbefruchtung durch immer neue Gedanken gleichkommt, erkennt man erst bei genauem Hinsehen. Denn der Narziß von heute ist, mit der gebührenden Distanz, kein unangenehmer Zeitgenosse.

Der Narziß ist erfinderisch, sich selbst zu spiegeln und sei es in den Augen einer Frau. Die schönen Worte, Zeichen seiner vermeintlich schönen Seele, die Traurigkeit und Melancholie, die ihn umgeben, machen seinen Reiz aus, lassen Abgründe, zumindest ein tieferes Geheimnis vermuten, auch wenn der Mann selbst noch so trivial ist. Jenes Geheimnis mystifiziert den Zauderer Hamlet, der Ophelien in den Wahnsinn treiben muß, um seiner Handlungsfähigkeit den Anschein unerforschlicher Seelennöte zu geben. Plüschäugige Melancholie ließ die süßen Mädln und gnädigen Frauen an den Lippen jener jungen Herren hängen, die mit ihrer selbstsüchtigen Larmoyanz solcherart Damen reihenweise unglücklich machten. Sie heißen Anatol oder Georg, sind Großbürgersöhne, adelig und fesche Militärs, sind schon mal schwierig, wie *Der Schwierige* beim Herrn von Hofmannsthal, ein weltweiser, wehmütiger Hagestolz mit allen narzißtischen Qualitäten.

Dann gibt es Richard Beer-Hofmanns Paul aus der Novelle *Das Kind*, der das Dienstmädchen Juli schwängert, nicht liebt und über den Tod des gemeinsamen Kindes eine besondere Art Katharsis erlebt. Paul lernt, sich die unattraktive Nervensäge Juli zum liebenswerten Phantom zu phantasieren, kerzenbeschienen »als erglühe ihr Leib von inneren Flammen ... Und er wußte jetzt: Was häßlich und gemein an all' dem gewesen, würde verblassen, und *dies* Bild würde bleiben, vor ihm aufsteigen, wenn er später einmal an sie denken würde.« Die Gedankenarbeit schafft es, die reale Frau der Gegenwart in eine irreale Gestalt der Vergangenheit zu verwandeln, und erlaubt es Paul, sich unverzüglich daran zu machen, einem neuen Phantom hinterherzujagen, als ihn »der Blick zweier dunkler Augen trifft«. Stefan Zweigs Leutnant Hofmiller aus der *Ungeduld des Herzens* hat wenigstens ein nachhaltig schlechtes Gewissen, nachdem er die verkrüppelte Edith von Kekesfalva durch seine tändelnde Gleichgültigkeit umgebracht hat. Der Narziß ein verstörter Don Juan?

Diese trivialen Wehmuts-Tröpfe hat die Literatur nicht von ungefähr um die Jahrhundertwende hervorgebracht, als die Beschäftigung mit dem Unglück der eigenen Seele und der Selbsterkenntnis des Individuums die Psychoanalyse gebar. Dorian Gray, Oscar Wildes absolut skrupelloser Narziß, starb, als er im Spiegel sein eigenes verderbtes Selbst erblickte. Bei den österreichischen Dandies, Flaneuren, Ulanen, Herrensöhnchen funktioniert die Widerspiegelung so perfekt, daß sie die Frauen an ihrer Statt sterben lassen.

Das geht so lange gut wie die Frauen mitmachen, sich als Spiegel benutzen lassen. Die Emanzipationsbewegung der 68er war eine narzißtische Kränkung. Denn nun hatte Mann seinen entlastenden Widerpart verloren. Mann rutschte in die Latzhose und in die Männergruppe und pflegte eine neue Variante des Selbstmitleids als scheinbar revolutionäre Tat. Setzte die persönliche Unverbindlichkeit überkommener Männerbündelei, wie man sie an Stammtischen, Sportvereinen und Kreisparteitagsversammlungen kennt, unter neuen Vorzeichen fort. Das Ergebnis kennen wir. Der Mann pflegt seine Wunde.

Existentieller Abgrund

So nennen der Psychologe Liam Hudson und die Malerin Bernadine Jacot in ihrer Untersuchung *Wie Männer denken* den Verlust, der beim männlichen Kind entsteht, wenn er seine Mutter geschlechtlich als die »Andere« erkennt, sich deshalb von ihr löst und sich fortan mit dem Vater identifiziert. Durch den Verlust der allumfassenden Intimität tut sich ein existentieller Abgrund auf, den es zu füllen gibt. Als Folgen solcher Kompensation sind »persönliche Unsensibilität« und Frauenhaß genannt, es sei darin aber auch die Energiequelle für individuelles Handeln, die Leidenschaft fürs Abstrakte zu suchen. Kompensation, Sublimation – alles einerlei. Insofern ist der Narziß ein Supermann, die Summe allen freien individuellen Strebens.

Sein Streben, mit sich, und nur mit sich eins zu sein, bringt ihn in Bedrängnis. Da hat er nun die schönsten Phantasien von Klimtschen Haarumwicklerinnen, gierig schnappenden Vaginas, wilden Medusenhäuptern und lockenden Anacondas, bricht aber schon zusammen, sieht er sich mit den Wünschen und Forderungen einer stinknormalen, selbstbewußten Frau konfrontiert. Ihr Versuch, seine gehüteten Abgründe emotional zu penetrieren, droht ihm sein Geheimnis zu entreißen. Welches sich möglicherweise darin erschöpft, daß er unterm italienischen Flanell sein Allerheiligstes mit Spitzendessous garniert.

Vor solcher Entblößung muß der Mann sich unbedingt schützen. Der Grenzfall wird sich ein mausekleines Frauchen nehmen, das seine Welt unangetastet läßt. Der Genießer schlemmt sich sexuell zwischendurch schon mal satt. Der selbstgrüblerische Asket trägt sein »noli me tangere«-Schild vor sich her und pflegt höchst kultivierte, unpersönliche Beziehungen, die hübsch abstrakt stets Dinge und Inhalte verhandeln und, ohne daß seine Schutzhaut verletzt würde, doch um nichts anderes gehen als seine Interessen.

Ganz bei sich

Sein Ich verschlupft sich in geistreichen literarischen Exkursen, spielt mit in den Filmen exquisiter Programmkinos, vergnügt sich in kreativer Freizeitgestaltung. Anders als der protzige Macho preist er sein Designer-Cabrio als kühnen Ausdruck raffinierter Lebensart. Er gibt sich voll emanzipiert und läßt sich von 'ner Frau den Urlaub zahlen. Aber teilen und sich mitteilen mag er nicht. Denn kommt ihm eine Frau zu nah, vergißt er schnell alle guten Manieren und schlägt panisch um sich. Weil sich ihm der Spiegel verweigert, guckt er auf den eigenen Bauchnabel, den augenrunden. Der suggeriert Tiefe. Und schafft die Illusion, nun endlich, ohne bedrohlichen Widerschein, ganz bei sich zu sein. Den Blick verengt aufs kleine Loch, läßt sich's gefahrlos träumen von Genüssen mit fleischigen Weibern ganz aus wogenden Bergen und unergründlichen, scharfgezahnten Schluchten.

Manchmal, in gezählten Augenblicken, in denen er auftaucht aus inniger Selbstbeschau, mag dem neuen Narziß die wunderbare Selbstbeschränkung als der Trugschluß erscheinen, der er ist. Dann vergießt er ein paar einsame Tröpfchen und tröstet sich, daß die schmerzlichen Seiten der Preis seiner *splendid isolation* seien. Dabei kommt ihm, allmählich nur, die eigen Männlichkeit abhanden: kein Spiegel, kein Pendant. Dennoch vermehrt sich der Narziß, nunmehr Narzisse, ständig. Dafür sorgt Phoebe Zeitgeist.

Eva-Elisabeth Fischer

DER NOMADE

Damals, im Logierhaus »Zur schwankenden Weltkugel«, man muß sich diese windschiefe Herberge auf einer spanischen Insel denken, konnte nur entrinnen, wer auf den Zufall baute. Eine mysteriöse Epidemie, angeblich die Blattern, ging um. Die Zeit hatte seltsame Schicksale angeschwemmt: den Wirt, einen vierschrötigen Holländer; Monsieur Mouton, einen Säufer und Flaneur, der sein Zimmer mit einem rüsselhungrigen Ameisenbär teilte und nach dem Erwachen, ungefähr zur Stunde des Aperitifs, den *Matin* studierte; eine angegraute Amerikanerin, die heimlich trank und vorgab, nach einem Lord Ausschau zu halten, der ihr älterer Vetter sein sollte; einen lungenkranken Assistenzarzt, eine Turnlehrerin, einen misogynen Herren aus Bacherach am Rhein, eine stellungslose Gesellschaftsdame aus Sevilla, die Missionsschwester Hildegard, die geradewegs aus Afrika kam und eine preußische Gräfin aus München.

Das war der »Flammenbund«, den der kuriose Hieronymus Edelmann, ein Unikum mit Monokel und Krokodil an der Leine, ins Leben gerufen hatte. Wenn er sprach, so notierte die Gräfin, dann fielen »bedenkliche Worte«: Freiheit, Schönheit, Vergnügen. »Wir sahen in Gedanken schon die Insel von Wandervögeln, nackten Menschen und Handlungsreisenden überflutet und das gab uns Mut.« Denn ein ungeschriebenes Gesetz fesselte alle an den merkwürdigen Ort.

Hätte nicht eines Tages ein Dampfschiff an der Reede angelegt, wäre der Kapitän nicht ein besonders geselliger Seebär gewesen, die Insel wäre der bunten Schar zu einem

Gefängnis geworden. So aber verstreute sich der »Flammenbund« über die ganze Erde.

Das war, als man noch, wie es heißt, auf dem Vulkan zu tanzen pflegte, bevor noch die Stahlgewitter der Weltkriege losgebraust waren und zu einer Zeit, in der die übermächtige Institution der Vaterländer gerade erst zusammengeschmiedet wurde. Schon damals galt das Logierhaus als Brutstätte für Landesverrat und man hielt die Flammenbündler in Quarantäne, damit sie die Nationen nicht mit ihren frivolen Leichtsinnbazillen vergiften könnten. Beides, Haus wie Bewohner, haben natürlich nie existiert. Doch die Dame, deren Phantasie dies alles ersonnen, Franziska Gräfin zu Reventlow, die Muse von Schwabing, vertraute an einem 26. Januar ihrem Tagebuch an: »Ach, ich bin gelaufen, gelaufen, hingefallen, wieder aufgestanden, umgeworfen, wieder aufgesammelt, bis ich da angekommen bin, wo mein Ziel beginnt. Angst und Zweifel, Kräfte versagen und Müdigkeit. Aber immer dahinter das Gefühl, ich muß noch etwas Großes zusammenbringen, das verläßt mich nie.«

So lesen sich die Eintragungen in das Logbuch eines nomadischen Geschlechts. Sie ziehen noch immer kreuz und quer durch die Landesteile, überschreiten achselzuckend Grenzen, die mit Blut geschrieben worden sind, vorbei an den lächerlichen Figuren, die dort in grasgrünen oder mausgrauen oder tarngefleckten Uniformen Posten stehen, die mit Ferngläsern den Horizont absuchen und unterstützt von scharfen Hunden entlang eines Strichs in der Landschaft auf Patrouille gehen.

Man begegnet den Nomaden stets mit Mißtrauen. Angelt sie gerne aus der Kolonne. Durchsucht sie, wühlt in ihren Habseligkeiten, tastet sie ab. Vermutet Schmuggler, Schmarotzer oder Schlimmeres; vielleicht sogar Einschleichasylanten. Da aber an ihren Sohlen nichts außer Entfernung klebt, lassen sie solch territoriale Dummheiten mit großer Gleichgültigkeit geschehen. Alle Behörden sind überall gleich, das wissen sie: denn dies sind die stolzgockeligen Signets der Staaten, die sich Achtung verschaffen wollen. Verächtlich üben die Nomaden daher Geduld.

Ihre Reisepapiere sind konfus. Die Sichtvermerke verraten einem Seßhaften, der sie zu kontrollieren versucht, keinerlei System; nur Eingeweihte wissen die Stempel zu deuten, können die Geheimzeichen des Transits lesen. Was steckt hinter einem bombastischen Visum, was berichtet eine abgelaufene Aufenthaltsgenehmigung, wovon erzählt die häufige Wiederholung unaussprechlicher Namen? Daß dies Lebensmarkierungen sind, die einzigen Spuren, die ein Mensch auf seiner Wanderschaft zurückgelassen hat, ahnt niemand, der nicht selbst dem Stamm der Unzugehörigen angehört.

Zufallssucher

Moderne Nomaden sind Zufallssucher und Sammler oft unvorhersehbarer Gelegenheiten. Sie sind die Jäger flüchtiger Schätze, von deren Existenz die Welt erst erfährt, wenn sie längst ausgeplündert worden sind. Wenn dann die neugierigen Horden auftauchen, die ein- oder zweimal jährlich aus ihrer niedergelassenen Langeweile Reißaus nehmen dürfen, so finden sie nichts mehr vor außer dem Hinweis: »Wir waren da!«

Die Zelte sind längst abgebrochen, die vorgefundenen Kostbarkeiten verjubelt, das rauschende, rasende, überschäumende Leben ist verflogen. Es bleiben bloß Ruinen zurück, die noch lange von dem Ruhm zehren werden, daß sie einst dem vagabundierenden Weltgeist Unterschlupf geboten haben. Wenn einmal Gras über die Sache gewachsen sein wird, kehrt er möglicherweise wieder und vertreibt dann neuerlich für ein Weilchen die Beschaulichkeit.

Bald locken allerdings neue Jagdgründe; bringt der Wind verführerische Düfte. Botschaften aus der Ferne rufen zum Aufbruch. Erwartungsfroh macht sich der Nomade auf den Weg. Prinzipiell grast er auf fremden Weiden. Sein Wesen ist das Heimatlose, schon deshalb, weil der Begriff der Heimat für ihn eine fragwürdige, nur schwer mit Sinn zu füllende Worthülse ist. Hut und Heimat gehören eng zueinander: Beides hängt man an beliebige Garderobehaken. Gute Koffer, die jede Mißhandlung erdulden, sind wichtiger als Heimat. Der Nomade muß gelernt haben, sie schnell zusammenpacken zu können, er muß Übersicht bewahren und das Notwendige möglichst rasch zur Hand haben. Er trifft für alle Eventualitäten Vorsorge: für gähnende Wartezeiten, für den Fall, daß alle Stricke reißen, dafür, daß man mitunter laufen und rempeln muß, will man den Anschluß nicht verlieren.

Nomaden erkennen einander an ihrem zielstrebigen Schritt, an der traumwandlerischen Sicherheit, mit der sie sich zwischen den Irgendwos bewegen. Sie riechen die Routine ihres Stammes und sie staunen niemals, wenn urplötzlich aus allen Himmelsrichtungen die Gleichgesinnten an einem Ort zusammenströmen. Sie sind einem untrüglichen Gefühl gefolgt, einem inneren Kompaß, dessen Richtungszeiger von abenteuerlichen Ideen, von kühnen Konzepten und von der unbändigen Sehnsucht nach Zukunft magnetisch angezogen wird.

Den Bewohnern eines Ortes, den sie heimsuchen, erscheinen sie als urbane Plage, schlimmer noch als ein Wahlkampftroß mit seinen schmetternden Verdrehungen. Ein Schwarm von Eintagsfliegen sind sie, der über alles, was gewohnt und vertraut ist, herfällt, der das soziale Koordinatensystem durcheinanderwirbelt und ein über Generationen gewachsenes Gemeinwesen okkupiert. Alles hat sich jetzt auf die Nomaden und ihre fremdartigen Rituale zu konzentrieren. Sie stellen die Uhren, diktieren die Preise, werfen die Gesellschaftsregeln über den Haufen, Paris, London, New York, Berlin, Prag. Aufruhr, Umbruch, heiße Rhythmen und blitzende Bilderfanfaren. Wenn die Nomaden kommen, wanken die Fundamente. Keiner könnte genau sagen, warum gerade hier und heute, es scheint, daß sie allein die Parameter bestimmen.

Sirenengesang

Es gibt Zentren und Subzentren, verbunden durch ein Netz globaler Kommunikation. Satelliten transportieren ihre Signale, Relaisstationen fangen sie auf und geben sie weiter. Über elektronische Fäden sind sie miteinander verstrickt. Niemand ist in der Einöde verloren, jeden erreicht der Sirenengesang, der von einem noch unentdeckten, provinziellen Winkel schwärmt. Nomaden knacken alle Codes, längst haben sie gelernt, daß Mobilität nicht allein aus Fortbewegung besteht. Nun reisen sie häufig so schnell wie Gedankenblitze, sind überall dort daheim, wo ein Funke einschlägt, blendet und sprühend verglüht.

Kein Aufenthalt von Dauer. Kaum eingetroffen, denken sie schon an Abschied. Das Vorläufige ist ihr Metier. Sie werden verschwunden sein, bevor der Staatsmacht noch der Gedanke kommt, sie aus dem Land schmeißen zu wollen. Manchmal hätte man ja auch gerne, daß sie verweilten, weil sie es schließlich sind, die den Horizont erhellen. Doch die Quartiere sind eng, die Liebschaften schnell verbraucht, alles

Lächeln wird bald zur lauen Gewohnheit, jedes Geschäft zur Beschäftigung. Was anfangs neu und herausfordernd war, ist zur Idylle gestockt. Wie saure Milch schmeckt jetzt jeder anbrechende Tag. Wurzeln schlagen, Wind und Wettern trotzen? Fegt der Sturm der Veränderung, siehe, sie sind dahin. Als der junge Brecht noch nicht so felsenfest an das historisch Notwendige glaubte, da knüppelte er einmal nomadisierende Verse zurecht: »sieh deine Ansichten und sieh: sie sind alt ... Komm mit mir nach Georgia, / dort wirst du sehn, gibt es neue Ideen / Und wenn die Ideen wieder alt aussehn / Dann bleiben wir nicht mehr da.«

Manche Nomaden leben von undurchschaubaren Transaktionen, errichten im Handumdrehen ein Imperium, das ebenso schnell wieder in sich zusammenbricht. Andere machen sich durch Schönheit oder Geist verdient und einige auch dadurch, daß sie keinen Haß im Herzen tragen und nicht engstirnig, verhetzt und böse sind. Nomaden sind Luftmenschen, weil sie sich auf nichts so gut wie auf Distanz verstehen, und insofern leben sie parasitär. Sie teilen nicht die Gefahren, die jene belauern, unter denen sie sich befinden, sondern sie verstellen sich und winden sich fort. Es gibt kein höheres Ziel, dem sie dienen, kein Hoheitszeichen, dem sie sich beugen. Ihr Name findet sich auf keinem Appell. Nomaden spotten über die Schrullen der Kaninchenzüchter und Umweltschützer. Sie nicken bloß, wenn Weltverbesserer kommen. Da sie allesamt Vaterlandsflüchtlinge sind, kennen Nomaden nichts Verächtlicheres als die patriotische Pflicht und das Kreisverwaltungsreferat. Überhaupt ist ihnen jede Form von Gesinnung fremd, die auf Bestehendes baut. Alles fließt, und die Totengräber graben überall. Verbirgt sich dahinter letzten Endes die Einsicht, daß der Mensch vielleicht doch keiner Schöpfung Krone ist und keinen erkennbaren Sinn im Universum hat?

Ein Schutzpatron? Vielleicht der heilige Rimbaud, der *poète voyant*, dessen ruheloser Geist am ehesten noch in der Stadt Harar am Rand der Wüste Ogaden Muße fand, wo der Dichter, der längst keine Verse mehr schrieb, nun für den äthiopischen Kaiser Waffen und Sklaven schmuggelte. Noch heute nimmt man Fremde an der Hand und führt sie zu einem Haus mitten in der muselmanischen Altstadt und beschwört die Erinnerung an den merkwürdigen Gast. Wäsche hängt im Hof an der Leine, hungrige Hühner, große Kinderaugen, Gerümpel liegt wie Strandgut an der Schwelle. Alles verfällt still und leise wie ein seßhaft gewordener Traum. Schon in einem frühen Gedicht von Arthur Rimbaud (*Ma Bohème*) führt die Reise zur Milchstraße und nicht mehr retour. »Mon auberge était à la Grande-Ourse. Mes étoiles au ciel avaient un doux frou-frou.«

Joachim Riedl

DER BAULÖWE

Es ist an dieser Stelle um des wohlfeilen Beifalls der schadenfrohen Mehrheit willen viel Spott über die Menschen ausgegossen worden. Nehmen wir also die Gelegenheit wahr, einen Menschenschlag zu ehren, vor dem alle Häme verstummt. Befassen wir uns einmal mit Leuten, deren Wohltaten selbst der bösartigste Feuilletonist nicht leugnen kann und die es, wie niemand sonst, verdient haben, von aller Schuld und Schmach, die die Welt auf sie gehäuft hat, reingewaschen zu werden. Die meisten von ihnen waren Könige von Geblüt oder Gesinnung, und Aristokraten blieben sie auch in der bürgerlichen Zeit. Nur die Demokratie stand ihrem Sinn für das Große, das Erhabene im Weg. Der demokratische Zustand eines Gemeinwesens, in dem sich unter alle Weisheit die Inkompetenz mischt und es verdirbt, ist ihrem Naturell zuwider wie dem Teufel das Weihwasser.

In solchen Zeiten bleibt ihnen nur die Wahl, schreckliche Tyrannen oder große Schurken oder beides zugleich zu werden. Wir sprechen nicht vom Künstler im Kleinen, dem Architekten, nicht vom Baumeister, dem stets seine Gottesfurcht im Wege steht, nicht von irgendwelchen zu kurz gekommenen Platzhirschen, die sich von Zeit zu Zeit darin gefallen, als Bauherren aufzutreten. Wir sprechen vom Weltengestalter, von Männern, die es dem Prometheus nachtun und der Welt für alle Zukunft ihren Stempel aufdrücken, die schaffen und zerstören, wie es ihnen gefällt und sich neben Gott setzen. Wir sprechen von den großen Erbauern, den Vätern von Zivilisationen, die die Kleinmütigen, die nur auf ihren Suppenteller schauen, in einer Mischung aus Blindheit und Furcht, Baulöwen nennen.

Wir sehen solche Menschen wie sonst nur Feldherren auf Hügeln stehen und mit den Armen über krumme Gassen einen Bogen schlagen, und denken an Gott, als er Sodom verdarb. Wir sehen sie mit dem Zeigefinger Schneisen durch Wildnisse und Mauern über Gebirge ziehen, die noch vom Mond aus zu erkennen sind. Wo der Sterbliche nur Einöden schaut, stehen goldene Tempelstädte vor ihren Augen. Wo wir uns noch um armselige Hütten sorgen, die in einem ungesunden Sumpf versinken, sehen sie schon Bankentürme. Wir gewahren mit Staunen, wie sie Berge versetzen, Brükken von Kontinent zu Kontinent schlagen, Meere zuschütten, Wüsten ersäufen und die Nacht zum Tag machen. Wir sehen sie auf schwindelnden Gerüsten nach den Sternen greifen und dem Fluch der Götter trotzen. Mit Schaudern erleben wir, wie sie ganze Völker ins Elend stürzen, und mit Grauen werden wir gewahr, wie es bei Blitz und Feuersbrunst neronisch in ihren Augen leuchtet: Wiederaufbau, größer, schöner, prächtiger, kostbarer.

Die Baulöwen stehen im Bund mit den Urgewalten, um reinen Tisch zu machen für ihre großen Pläne. Die Mitwelt sieht in ihnen das apokalyptische Tier, das seinen Namen mit Blut ins Buch der Geschichte schreibt. Aber der Baulöwe ist in Wahrheit ein Märtyrer. Er hält allen, die ihn verfluchen, stand und baut auf die Nachwelt. Für seinen Nachruhm läßt er sich nicht beirren von den Kurzsichtigen, von den Toren, die um ihr lächerliches Hab und Gut jammern, wenn man ihre Lumpen zerstreut, ihre Lauben zertritt und ihren Kleinkram zerschlägt, um Werke aufzurichten, vor der die ganze Menschheit staunend steht.

Kein Wesen unter der Sonne wird so übel verleumdet. Selbst Gott hat den Baulöwen gefürchtet und die Fabel ausgestreut, er habe den Turm zu Babel zerstört und die Sprache seiner Erbauer verwirrt, weil sie ihm zu mächtig wurden. Aber wir wissen es besser. Der Baulöwe reizt zwar mit seiner Hoffart das Blut der Götter und der Menschen, und der Wunsch, ihn in der Hölle zu sehen, vereinigt die Erdbewohner mit den Olympiern. Aber hat je ein Gott Hand an einen Baulöwen gelegt? Selbst Nebukadnezar, der die Mutter aller Städte, der Babylon errichtet hat, überstand Gottes Zorn.

Den Pharaonen ergeht es nicht besser. Zürnt nicht noch heute der sozialpädagogisch geschulte deutsche Tourist den Pyramiden, die Tausende ernähren? Wer aber zählt außer den auf Gesundheitsschuhen herumschleichenden Miesmachern die Fliegen, die man beim Bau solcher Himmelszelte zerquetschte? Wie häßlich steht Kaiser Nero da, der nur ein Feuer nutzte, um aus der zusammengewürfelten Stadt Rom einen einzigen goldenen Palast zu machen. Dem Spießer stockt der Atem bei dem Gedanken an das kleinliche Gezeter der Überlebenden, die halbwahnsinnig um die Asche all dessen sprangen, was ihr Glück ausmachte. Die Geschichte schreitet kühn darüber hinweg.

Sprechen die Baulöwen nicht heute noch eine Sprache? Verständigen sie sich nicht überall auf der Welt mit der erhobenen Hand, indem sie Daumen und Zeigefinger aneinanderreiben? Und werden sie nicht von allen Völkern verstanden? Seine Macht ist groß und reicht bis an den Himmel, sagt der Prophet Daniel über Nebukadnezar. Er tötet, wen er will, er läßt leben, wen er will. Aber Daniel wünschte, daß er mit den Ochsen fresse, und Gott erfüllte Daniels Wunsch. Aber nach sieben Zeiten saß Nebukadnezar wieder auf dem Thron und baute prächtiger als je zuvor.

Wie sähe unsere Welt aus ohne Baulöwen? Stellen wir nicht ihre so sehr verschrieenen Werke als unser Weltkulturerbe unter ewigen Schutz? Haben wir sie nicht längst rehabilitiert und ihnen verziehen, daß sie ihre Völker bis aufs Blut auspressen und ihre Untertanen bis ins fünfte Glied ruinieren? Sollen wir Papst Sixtus IV. zürnen, daß er die Hauptstraßen Roms geradelegen ließ, die Sixtinische Kapelle erbaute und dann nach der Devise, für einen Papst genüge ein Federstreich, um jede Summe zu bekommen, die Kassen der Bankiers leerte und den Vatikan in den Bankrott trieb? Sollen wir Papst Leo X. für den Bau des Petersdoms verdammen oder dafür, daß er Bramante, Michelangelo, Raffael bezahlte und zu diesem Zweck ganz Europa ausplünderte, bis ein paar ungeschliffene deutsche Bauerntrampel die Reformation anzettelten?

Sollen wir Ludwig XIV. dafür tadeln, daß er aus der Versailler Einöde ein prächtiges Paradies machte und dafür den Adel und das Bürgertum seines Landes ruinierte? Sind wir den Sachsenkönigen gram, daß sie aus einem unbedeutenden und dreckigen Provinznest ein Elbflorenz machten und, wie Casanova berichtet, erklärte Feinde der Sparsamkeit waren? Sollen wir Peter den Großen als Verbrecher verurteilen, bloß weil er an der ungünstigsten Stelle seines Reiches die schönste Stadt des Nordens erbauen ließ und dabei Hunderttausende von Arbeitern im Morast versanken?

Der Baulöwe steht über dem Gesetz. Er ist nicht von unserer kleinen Welt. Er denkt in Jahrhunderten, wo wir uns nur um den nächsten Tag sorgen. Seine Bauwut ist eine heilige Wut. Wie ein Gott kehrte Baron Haussmann Paris um und um, und der Historiker Adolphe Thiers jammert: »Wir verfallen in etwas, was ich Phantasie nenne, wir befinden uns im Reiche der Einbildung und auf dem Weg zum finanziellen Ruin.« Er herrschte wie ein Diktator, hinterließ Zigtausende von Obdachlosen, stürzte die halbe Stadt in Armut und machte Paris zur Hauptstadt der Welt. Wer würde heute noch so etwas wagen?

Mit tiefem Bedauern stellen wir fest: heute ist die große Zeit der Baulöwen vorbei. Die Demokraten haben ihm, vor dem einst die Götter zitterten, die Krallen geschnitten und die Zähne gezogen. Wir aber bleiben allein gelassen im architektonischen Unterholz. Da tappen die modernen Baulöwen nun lustlos über unsere Baustellen, bauen um und an, wo sie herrliche Städte errichten könnten, verschnürt wie Gulliver von Bausenatoren, gelähmt durch Bauauflagen, Alteigentümerrechte, Nachbarschaftsklagen, Einsprüche der Opposition und der Umweltschützer, verunsichert durch sinkende Preise. Was bleibt ihnen übrig, als wenigstens die Rolle des Schurken zu spielen. Die Lust am Bauen haben sie längst verloren. Was können sie noch tun, als alle Welt zu täuschen, den Kulturbringer, den Mäzen nur noch zu mimen und derweil wenigstens die eigene Kasse mit den Geldern von ein paar Kleinaktionären zu füllen, wenn sie schon nicht die ganze Welt ruinieren können.

Die Pracht und Herrlichkeit der Baulöwen ist dahin. Statt Allongeperücke nur noch Toupet, statt goldener Paläste nur noch vergoldete Zaunspitzen. Wo früher ein einziger Blick von ihnen ganze Stadtteile zum Einsturz brachte, müßten sie sich heute ihre Abrißgenehmigungen mit Schmiergeldern erkaufen. Früher ließ der Baulöwe die Bankiers, die er ruiniert hatte, einfach in den Kerker werfen. Heute kann er sie nur noch dem öffentlichen Spott preisgeben. Wir aber bewundern auch in seinen letzten kleinen Kunststückchen seine große Vergangenheit. Es ist nicht unsere Schuld, daß diese schöne Spezies zum Immobilieninvestor verkam, der sich schließlich bitter enttäuscht mit ein paar Millionen auf eine unerreichbare Tropeninsel davonmacht. Da sitzt er nun, in die Flucht geschlagen von kulturlosen Tölpeln und wird zum Philosophen wie Napoleon auf St. Helena, und während er seine Runden im Pool dreht, hört man aus dem Wasser sprechen: »Ich bin der Geist, der stets verneint! / Und das mit Recht; denn alles was entsteht / Ist wert, daß es zu Grunde geht; / Drum besser wär's daß nichts entstünde.«

Michael Winter

DIE GATTIN

Eigentlich gibt es sie längst nicht mehr – mal abgesehen von den Todesanzeigen, wo sie als »treusorgend« noch herumgeistert, wahlweise natürlich auch als trauernd Hinterbliebene, in Dankbarkeit. Ein Generationskonflikt macht sich auch hier bemerkbar: Sagen Sie einem Dreißigjährigen herzliche Empfehlungen oder gar Handkuß an die Gattin, wird er im günstigsten Fall darüber nachsinnen, daß Gruftis aus dem Verkehr gezogen gehören. Aber das ist sehr ungerecht. Es gab die Gattin, es gibt sie und in bestimmten Formen wird es sie noch lange geben. Allen gesellschaftspolitischen Entwicklungen zum Trotz wird es weiterhin die Männer geben, die neben sich ein Wesen brauchen, das die angenehmen Seiten des Daseins mit einem hohen persönlichen Einsatz, der reichlich Unangenehmes zu tun und zu erleiden erfordert, zu verbinden weiß.

Es gibt andererseits die Gattin überhaupt nicht. Ein deutsches Universalwörterbuch – und nicht nur dieses! – erwähnt lediglich die männliche Form und nennt das Kind beim Namen: es sei die »gehobene« Form, sich vornehmlich mit diesem Ausdruck nach dem Befinden des Ehemanns einer anderen Frau zu erkundigen. Gehoben – das ist das Stichwort für diese Betrachtung.

Die oder der Gute?

Bemühen wir noch die Etymologie: Auch hier findet sich in den einschlägigen Nachschlagwerken nur »der« Gatte, definiert als der »Genosse, Gefährte«, der »einem gleichsteht, der derselben Gemeinschaft« angehört. Und das Wort Gatte gehört, erfährt man noch, zur Wortgruppe von »gut«. Na, also.

Da sei dann schon einmal vorschnell erlaubt, den Schluß zu ziehen, daß dieses harmlose Wörtlein »gut« bis heute vornehmlich in der Gattin auf das schönste und edelste fortlebt, und das würde ganz schnell zu einer wunderbaren Erklärung führen, warum es sie eben doch gibt und warum noch immer. Denn der Mann als Inkarnation des »Guten«? Das würde selbst im postfeministischen Zeitalter keiner mehr glauben wollen, und davor wurde es als überlieferte Tradition schon längst abgetan. Beglückend, zusätzlich zu lernen, daß die indogermanische Wurzel von »gut« die Bedeutung »umklammern, fest zusammenfügen, zupassen« in sich trägt. Ein weites Feld, auch für die Gattin, tut sich hier auf. Der *Brockhaus*, Ausgabe von 1968 – ausgerechnet! – nimmt den Begriff des Gatten erst gar nicht mehr auf und erklärt nur noch die »Gattenwahl« und die allerdings bloß auf die Tierwelt bezogen. Man ahnt, was diese 68er-Generation alles so beeinflußt hat.

Lebenslange Gattentreue sei unter anderem von den Wildgänsen bekannt, schon die Hausgans treibe es mit Enten und »sogar« mit Schwänen. Wobei diese Ferkelei eine Folge der Domestikation sei ... Zeus, Nemesis, Leda – sie lassen grüßen.

Unterstellt, die Gattin im 20. Jahrhundert gibt es als solche wirklich noch, dann wäre erlaubt zu definieren, daß sie eine Art Wildgans ist, die zu domestizieren trotz höchster Gefahren der Mann noch immer versucht? Denn eine der augenfälligsten Funktionen ist doch wohl die Treue, nicht nur am Ende einer Gemeinschaft. Siehe oben. Man sollte also dem Manne, dem Gebeutelten, empfehlen, mit der Domestizierung etwas sensibler umzugehen, auf daß die Angetraute – im Falle einer echten Gattin – treu bleibe, nämlich ihrer Art. Denn die Gattin als Hausgans wird schwerlich das Göttliche einbringen, modernes Fremdgehen, mit wem auch immer, gebiert heute keine Götterkinder mehr.

Und wenn wir bei den Griechen und ihren Mythologien noch kurz bleiben: die ideale Gattin war Hera, Tochter des Kronos und damit Schwester und Gattin des Zeus. Und da haben wir eine Definition der Gattin, die durchaus für die moderne Version auch gelten mag. Denn Hera war ihrem Zeus nicht so sehr als Mutter ihrer gemeinsamen Kinder wichtig, sie war schlicht bedeutend als die Frau des höchsten Gottes. Hier könnten sich die Vorstellungen modernen Gattinnen-Inhabers ohne weiteres wieder mit den altgriechischen Vorstellungen treffen. Wir wollen dabei die Entwicklungen neu-gesellschaftlicher, partnerschaftlicher und sonstig unbekömmlicher Ideen kurzerhand unterschlagen und uns einfach nur an der Formulierung freuen: Die Gattin, die Frau des höchsten Gottes. Hera also als Wahrerin und Beschützerin der Rechte der Frauen, aber auch als streitsüchtig – aufgepaßt Männer, die Sache hat Tradition! –, stolz, eifersüchtig und von großem politischen Einfluß. Na also, eine Frühausgabe von Hillary C. – nichts Neues am Ende des zweiten Milleniums?

Eine Verirrung nur an der Wende vom 18. zum 19. Jahrhundert, der Ehefrau bloß noch die Rolle der züchtigen Hausfrau, der Mutter der Kinder, des begrenzten Herrschaftskreises im Häuslichen zuzugestehen? Wobei man, um bei Schiller zu bleiben, der Gattin des 20. Jahrhunderts in Sachen Mehrung des Gewinns mit ordnendem Sinn vielleicht sogar teilweise wieder gerecht würde? Und die moderne Gattin? Ist sie nur das jeweilige Spiegelbild einer männlich dominierten Gegenwelt? Oder kann sie aus sich selbst heraus etwas Originäres darstellen?

Wir wollen hier die kleinbürgerliche Version des »Der Herr im Haus bin ich« einfach mal weglassen, die leicht muffige Variante, wo Vati fürs Wichtige sorgt und Mutti sich fügt, weil ER es so will und sonst bloß schlechte Laune kriegt.

Wir wollen uns die Glitzerversion ansehen, sozusagen die öffentliche und die manchmal veröffentlichte.

Leben von der Gegenwelt

Sie lebt natürlich nur von der Gegenwelt. Sie ist die Frau schlechthin und definiert sich aus dem weiblichen Dasein, aber sie ist ein Nichts ohne Gegenüber. Sie kann sich nur aus der aktuellen Situation heraus bedeutend machen und aus dem ständigen Ringen um Anerkennung. Ehrenhaft kann sie die Rolle nur durch Tod des Gegenübers ablegen, alle anderen Versuche sind bloßes Scheitern. Hat sie durch mißliche Umstände erst einmal die Vorsilbe »ex-« angehängt bekommen, ist es um sie schon geschehen.

Sie muß geradezu übermenschliche Eigenschaften in sich vereinen, die sich zu einem ständigen Höhepunkt zusammenfinden sollten. Denken wir an die Urwurzel: das Umklammern, das Festzusammenfügen, das Zupassen – und dann noch die Treue. Dem Göttlichen treu sein. Und sie soll und darf nicht nachfragen, was sie dafür bekommt, denn ihre vornehmste Aufgabe besteht in der Gratwanderung, geschwisterliche Zärtlichkeit mit der Treue der liebenden Ehefrau zu verbinden, dem anderen den Rücken freizuhalten und dabei bescheiden im Hintergrund zu bleiben. Ohne allerdings langweilig zu werden.

Beruf: Gratwandern

Das Festzusammenfügen darf natürlich nicht zu einer Fessel werden, jedenfalls nicht zu einer von außen sichtbaren. Glamour sollte sie nicht verbreiten, oder mindestens nur in gedämpfter Form – das bleibt dem Göttlichen alleine vorbehalten. Das ist ein anstrengender Job, den man nicht unterschätzen sollte, was das Zurückstellen der eigenen Bedeutung betrifft. Und die Gattin sollte nie – strikte Anweisung! – den Versuch machen, in Anwesenheit des Gatten auch nur andeutungsweise bedeutend sein zu wollen, sie sollte vielmehr wie im Zirkus mit graziös erhabenen Gesten Hinweise auf die Meisterleistung des eigentlichen Vollbringers geben und Beifall mitklatschen bei Gelingen oder bestürzte Hilfestellung geben, wenn etwa der Akrobat abzustürzen droht.

Und die Erotik oder gar der sexy touch? Wirklich begehrliche Blicke sollte die Gattin nicht auf sich ziehen, denn Grenzüberschreitungen gewisser Art führen meist ins Abseits und da müßten dann die anderen Gattinnen auch wieder irgendwie reagieren, zumindest was die ureigene Gefährdung ihres abgezirkelten Reviers betrifft. Den Rock nicht zu kurz, das Dekolleté nicht zu üppig. Ahnungen zulassen, ohne gleich zu deutlich zu werden.

Wir haben es mit einer zwar selten gewordenen Spezies zu tun, aber doch viel häufiger existierenden, als man es nach Lektüre aller modernen Ratgeber zu diesem Thema meinen möchte. Wie sonst geisterte immer noch, vornehmlich in Männerkreisen, der Satz herum: »Hinter jedem erfolgreichen Mann steht eine gute Frau.« Sie, diese gute Frau und Gattin wirkt eben im stillen, gediegen und verläßlich und braucht das dumme, gedruckte Zeug gar nicht. Denn instinktiv weiß sie schon, wo's langgeht. Und sollte sie wirklich einmal Zweifel an ihrem Dasein haben, dann gibt es doch genügend Mitschwestern, die ihr Los mit ihr teilen und sie beim nächsten karitativen Tee mit nahezu identischen Problemen zudecken, so daß die Unbequemlichkeit der Lösung eigener Probleme wieder einmal aufgeschoben werden kann. Und natürlich nicht zu vergessen, was man in dieser immer schrecklicher werdenden Welt alles Gutes tun kann als Gattin. Hier empfiehlt sich wohl auch eine gut gefüllte Brieftasche des Partners – doch schon, auf bestimmte Weise sind die Gattin und ihr Mann Partner, wenn auch mit ewiger Minderheitsbeteiligung der einen Seite. Also, das Gute läßt sich aber auch im Ideellen verwirklichen, indem man Bazare organisiert oder dafür Sorge trägt, daß auch die Armen und die Alten in unserem Land nicht zu kurz kommen. Nicht davon zu reden, daß eine der Gattinnen diesen begnadeten, jungen Künstler aus einem dieser auseinanderbrechenden Staaten fördert und entscheidend dazu beiträgt, Kunst mit Menschlichkeit zu verbinden und erste Unterweisungen in gelebter Demokratie zu geben. Hier wird die Gattin ihrem hohen moralisch-pädagogischen Anspruch spielend gerecht. Und wenn er klug ist, der Mann, der solcherart Gefährtin neben sich hat, dann lobt er. Wohlwollend, nie herablassend. Denn die kongruent anwachsende Fülle der jeweiligen Termine gewährt Sicherheit, daß für dumme Extras keine Zeit bleibt.

Verachten wir sie nicht gänzlich, die sogenannten Gattinnen. Hohn allein ist nicht angebracht. Wie denn käme sogar mancher Wahlsieg zustande, wenn da nicht eben dieselbe wäre. Und manch einer in bedeutender Position könnte gar nichts bewegen, wenn er sie nicht hätte, die Gattin. Grüßen wir darum auf gehobene Weise die immer noch verehrliche Gattin, die ein bisserl wild ruhig sein soll, auf ihre Weise.

Denn zuviel Domestizierung führt ins Elend, haben wir gelernt. Servus. Küß' die Hand, Bussi.

Renate Gräfin Matuschka

DER SPIESSBÜRGER

Zuverlässig ist er jeden Oktober empört zur Stelle, immer dann, wenn unsere Kastanie irgendwie mutwillig ihre Blätter in seinen Vorgarten wirft, dorthin, wo Lärchen und Koniferen zwischen Zaun und Thujahecke die Natur gesittet vertreten. Dann meckert er an unserem Laubbaum herum, diesem unberechenbaren Wesen. Er hat es gern geordnet – in seinem Garten und überhaupt; und so ein Baum mit Blättern, so ein pralles Symbol für Leben und Vergänglichkeit, für Blüte und Welke, das gehört einfach ausgerupft.

Er wohnt eigentlich immer nebenan, lauert hinter diesen weißen, durchbrochenen Gardinen, die er Stores nennt, oder auch hinter der Tür gleich gegenüber vom Lift. Er braucht den Ärger über seinen Nächsten fürs eigene Wohlbefinden. Herr Spießbürger und Frau Gemahlin, in manchen Kreisen auch als Motzki und Mutti bekannt, leben manierlich und rechtschaffen und sehen mit Argusaugen durch Butzenscheiben oder den Türgucker in die Welt hinaus, der sie mißtrauen. Da geschieht so viel, was sie nicht mögen und nicht verstehen, da wird gedacht, geschrieben, gemalt, geträumt, getanzt und experimentiert. Da klingt so vieles nach Umsturz. Also muß man sich wehren. Keiner soll an den Gitterstäben rütteln, die sie sich eigens geschmiedet haben, um dahinter die rechte Gesinnung zu hüten. Da draußen in der Welt sind die anderen, die in vielen Gestalten daherkommen, als alternative Spinner, als emanzipierte Frauen, als Ausläufer oder Asylbewerber, als Juden, Intellektuelle oder Behinderte und immer wieder als »Gesocks«.

Anrührend und lächerlich

Aber auch der Spießbürger ist für jeden von uns natürlich immer der andere. Wer spricht schon von sich, wenn er ihn beschreibt. Ihn zu belächeln oder gelegentlich auch zu verachten, stärkt einen ganz wunderbar in diesem sicheren Gefühl des eigenen guten Geschmacks, der »richtigen« Gesinnung und natürlich der geräumigen Toleranz. Dann fühlt man sich so vortrefflich, wie man es dem Spießbürger maliziös unterstellt und schiebt ihm all die Vorurteile in den Kopf, von denen man selbst ja so vollkommen frei ist.

Der Spießbürger ist schon als spöttisch belächelte Figur entstanden, belächelt von den Rittern, die mit Speeren in den Kampf zogen, während sich die waffenfähigen Bürger mit einem vergleichsweise banausischen Spieß begnügen mußten. Ein bißchen rührend, ein bißchen lächerlich eben, wie die guten Leute mit ihrem albernen Gerät sich zu verteidigen suchten, wie sie im einfachen Rock und zu Fuß ein wenig ängstlich drauflosmarschierten, ganz ohne den ritterlichen Überblick der Herren im Wams und zu Pferde.

Eng im Geist, kleinlich, altfränkisch – diese Eigenschaften sind dem Spießbürger als Mitgift und Erbe geblieben. Von Aufklärung und Humanismus blieb er so unberührt wie von Sturm und Drang. Heinrich Heine, dieser »gesinnungslose Vaterlandsverräter«, zerrupfte ihn bissig, hellsichtig, politisch – und manche würden ihn dafür gern bis heute aus der guten deutschen Erinnerungsstube verbannen.

Der Spießer ist apolitisch, allen Umwälzungen und Erregungen abhold, auf seine Ruhe bedacht. Daher wurde er auch und zu Recht als Stütze des Staates, als stabilisierende Kraft akzeptiert. Als politische Gefahr ist er von vielen erst im 20. Jahrhundert entdeckt und enttarnt worden. Wunderbar das Psychogramm des Heinrich Mannschen Untertans Diederich Heßling, der sich ewig vor dem Vater zu Hause und den Gnomen und Kröten im Märchen fürchtet und mit Lust und Erfolg den einzigen Juden in der Klasse quält, am Geburtstag des Ordinarius sogar dessen Rohrstock bekränzt und sich später so lange politisch bedeckt hält, bis er weiß, auf welcher Seite die Macht wohnt – »und die Seele deutschen Wesens ist die Verehrung der Macht«.

Der Spießbürger ist ein widriges Exemplar der Spezies Bürger. Er beargwöhnt Toleranz als Verluderung, verwechselt Schadenfreude mit Humor, versteht Ironie nicht. Er ist romantisch veranlagt und meint, Kitsch sei Gefühl; das Sentiment entgleist ihm zur Sentimentalität und sein Idyll umzäunt er schon mal mit Stacheldraht. Als Mensch für sich ist er ganz bieder, ziemlich öde sogar, erst in der Masse wird der Spießbürger zum gefürchteten Vertreter dieses umwitterten gesunden Volksempfindens. Visionen oder Phantasie lehnt er ab. Er steigt nur hinauf in die Höhen des Geistes, die von unten überschaubar sind. Ein Spießer ist einer, der keine Ideale hat, sondern höchstens Idole, der nicht selber denkt, sondern den Staat vergötzt – »untertänigst« und »treugehorsamst« –, immer auf der Suche nach dem Höheren, dem er sich anschmiegen kann. Grenzen sind da, sie einzuhalten, nicht sie zu überschreiten. Er ist kein Citoyen, der gegen die Obrigkeit aufbegehrt, sondern einer, der kuscht, der Erlassen und Verordnungen folgt und in schlechten Zeiten auch schon mal einem Führer – als totaler Spießer sozusagen.

Nun ist der Spießbürger weiß Gott nicht allein schuld am Nationalsozialismus. Aber er war dabei. Nach Kräften. In allen Schichten. Als studentisch Korporierter, gutbürgerlich oder adlig, der seit Jahrzehnten vaterländisch grölte und in der Gegend herumhaßte. Als »furchtbarer Jurist«, als Architekt, der dem »bolschewistisch-jüdischen Flachdach« den Kampf ansagte, als Unternehmer, als Herr oder Dame in der sogenannten feinen Gesellschaft. Und als Kleinbürger, der endlich wer war, sich nicht mehr vor »Gnomen und Kröten« fürchten mußte, sondern sie zertreten durfte, wo immer er sie fand. Und es auch tat – natürlich im Namen des Vaters und des Vaterlands, des Glaubens und der Sittlichkeit. Für die Familie. Ausgemerzt wurde, was unrein war. Auch Diederich Heßling hat sich geweigert, die Frau zu ehelichen, die er beschlief, weil sein moralisches Empfinden ihm verbot, »ein Mädchen zu heiraten, das mir seine Reinheit nicht in die Ehe bringt«.

Scheinheilig ist der Spießbürger, verheuchelt. Je rigider er die Vorschriften des Spießerlebens befolgt, desto zügelloser stürzt er ins Bodenlose. Auf harmlose Art kann das heute auf Karnevalsfesten geschehen oder auf Dienstreisen. Da läßt so mancher im Alltag Verklemmte die Sau raus, und der Nachbar oder Kollege darf auch mal – und man zwinkert sich bierlustig zu. Der Spießer auf dem Weg in die Libertinage, unerotischer kann kaum ein Mannsbild daherkommen. Da dampft so eine Art Stammtisch-Wollust. Schunkeln und Schnaps und Weiber. Tags darauf zeigt er mit spitzem Finger aus seiner guten Stube auf die Frau F., die mit dem X. was gehabt haben soll, und überhaupt hat er so seine Bedenken bei der, die Frau hat ein behindertes Kind.

So ist er, wenn er die Sau in sich wieder eingefangen und sorgsam in die Brust geschlossen hat. Da tobt sie dann und er mit ihr, wittert überall dort Sittenlosigkeit, wo er nicht dabeisein darf. Er findet immer die Sündenböcke, die er braucht, und das sind – wie gehabt – die anderen, die Fremden, die als Schlampen und Huren, als potentielle Vergewaltiger sein reinliches einheimisches Gemüt beschmutzen. Dumpf und schwülstig, so ist der Spießbürger immer wieder beschrieben worden. Das Sinnliche ist dem Sittlichen suspekt. Wer vergnügt lebt, ist irgendwie unmoralisch. Der Spießbürger ist ein geiler Tugendbold. Und gerade deshalb so entsetzlich verführbar. Unversehens wird der Prüde sadistisch, wird aus dem Spießer ein Rächer für all das, was ihm an Wohlbefinden und Wollust entgangen ist. Hans Sahl – und nicht nur er – hat die Massenhysterie der Deutschen im Dritten Reich auch als orgiastische Entladung beschrieben.

Gemüt per Postille

Der Spießbürger in Reinkultur ist im Dogmatismus zu Hause, nicht in der Phantasie. Er schläft auch nicht in seidenen Laken und liegt nicht auf der Couch beim Psychiater. Die Seele heißt bei ihm Gemüt, und das Gemüt liebt den »Nachtigallenwahnsinn«, wie Heine den deutschen Hang zur Innerlichkeit nannte, dem nicht nur zur Weihnachtszeit von Herzen gefrönt wird. Man singt im Verein, und wo gesungen wird ..., na ja, das kennt man ja. Es gab eine Zeit, da kam das Gemüt gar als Postille ins Haus. *Gartenlaube* hieß sie und ließ die Leserinnen gemütlich verblöden. Heute sendet das Kommerzfernsehen spießigen Porno ins traute Heim dorthin, wo viele der Zuschauer nicht in Möbeln, sondern in Garnituren aus Schleiflack, Plüsch und Polster gemütvoll brunften.

Die Geschichte des zeitgenössischen Spießers ist auch die Geschichte des mißlingenden Ausbruchs in die Weltläufigkeit, sei es nun die Geschmacksreise in den Ikea-Kiefer-Klarlack-Stil oder zum kaltgerührten Olivenöl, sei es die lechzende Reise nach Thailand in den Puff. Heute gibt er sich auch als einer, der – aus den Spießerklischees längst ausgebrochen – Neues mag und Neues wagt; Designerlampen aus Mailand zum Beispiel oder »moderne« Graphiken. Tatsächlich bleibt er der alte im neuen Gewand. Auch er paßt sich an – doch nicht wie sein buckelnder Ahn an die Macht im Obrigkeitsstaat, er denkt nicht daran, sich zu unterwerfen, er ist selber »King«, spielt mit in der Szene, unheimlich cool – sein Maßstab heißt nicht Macht, sondern »mainstream«. Hinein und dabeisein. Zeitgeist-Spießer.

Gabriele von Arnim

DER PARVENÜ

Wir entgingen ihm nie und nirgendwo. Er war maskulin. Er hatte für seinen Aufstieg hart arbeiten müssen. Und war er endlich dort, wohin er strebte, blieb ihm doch zeitlebens ein Makel. Denn er gehörte zwar irgendwann – war der Aufstieg erst einmal gelungen – zur Gesellschaft, doch er hatte sich den Zugang erschlichen. So sah es zumindest der Adel, dessen Bankerte, obgleich von der Erbfolge ausgeschlossen, trotzdem zur Familie zählten. Auch jene anderen seiner Klasse, die es zuvor geschafft hatten, wie zum Beispiel die Verdurins, schauten auf ihn herab. Wenn er klug war oder zumindest mutig, wählte er einen Beruf, der ihm den Aufstieg leichter machte: Er ging zum Militär oder zum Klerus. Tartuffe war geboren; der Bürger als Edelmann gab Empfänge. Bei Molière begegnet er uns.

Er mochte ein exzellenter Unterhalter sein, witzig, gescheit, polyglott, ganz gehörte er nie zu jenen, die in die gesellschaftliche Oberschicht geboren waren; Wildes Snobs hatten darunter zu leiden. Der Hautgout, so nannte man das damals, blieb – durch Bildung oder Reichtum, besser noch durch beides – fein kaschiert. Arthur Schnitzler, Hugo von Hofmannsthal, Marcel Proust und auch Thomas Mann, sie haben solche Bürgersöhne porträtiert in all ihrer Pein. Wird er empfangen oder kommt die Visitenkarte zerknickt auf dem Silberteller zurück? Er: Das war der Parvenü.

Parvenüs existierten nicht. Frauen heirateten sich empor. Allein, ihre Herkunft mußte sie weiterhin sorgen: die Familie, der Mädchenname, das Mietshaus. Selten schafften sie es, den Aufstieg als natürlichen Schritt zu akzeptieren und zu verteidigen: gegen die Neider in ihrer Klasse und die Arroganz der neuen Umgebung. Weder Frau noch Mann müssen heute weiter leiden.

Herunterdemokratisiert

Gibt es heute noch Parvenüs? Sicher ist: Die Frauen haben sich emanzipiert und managen den Sprint in *die* Gesellschaft ohne Trauschein. Was ist das für eine Gesellschaft? Wir müssen gar nicht Botho Strauß bemühen und sein wirklich gelungenes Bonmot von der *herunterdemokratisierten Gesellschaft* zitieren. Auch ohne ihn sehen wir, daß das Oben nicht mehr durch standesgemäße Abstammung gesichert ist – und wer unten war, muß da nicht bleiben. Wenn in unserer Zeit »vom guten Stall« geredet wird, um eine gute Kinderstube zu beschreiben und die dazugehörige Erziehung in einem wohlhabenden Haushalt, dann können wohl kaum mehr Schlösser und Herrenhäuser als Ort der Unterweisung gemeint sein.

Die Industrialisierung und die Demokratisierung in Europa haben die Unterschiede zwar nicht eliminiert, aber es gibt keine Sicherheiten mehr, wer denn (und vor allem warum) »zur Gesellschaft« gehört. »Die Gesellschaft« ist untergegangen, nur der Terminus existiert noch. Und das heißt: Es muß sie noch geben, die Kreise, denen anzugehören sich einige anstrengen. Früher war diese Gruppe leicht zu erkennen: es waren die Salons des Adels, der Hof und manchmal auch Räume der Künstler. Rahel Varnhagen zum Beispiel führte ein großes Haus. Heute bestimmen die Medien – das Fernsehen, die bunten Blätter, auch die »Gesellschafts«-Kolumnen in seriösen Zeitungen – was Gesellschaft ist. Und seltsamerweise gehören die Empfänge beim

Bundespräsidenten so wenig zu den begehrten Musts wie die wenigen noch intakten kulturellen Salons in einigen Großstädten. Die Gesellschaft zeichnet sich aus durch das Echo, das ihr Auftreten provoziert. Und deshalb funktioniert sie nicht ohne Geld, ohne Glamour.

Selfmademen am Ruder

Die Gesellschaft existiert nur mehr als Fiktion, zumindest in Deutschland. In Frankreich ist sie real. Hier siezen sich Ehepaare wie selbstverständlich. Hier, in der intakten, hierarchischen Gesellschaft, gibt es darum durchaus noch den Parvenü. Auch die klassischen Quereinsteiger, General und Kardinal, haben hier weiterhin Chancen.

Nur in Frankreich kann ein Jude polnischer Herkunft Erzbischof werden und sich zur – immer noch nicht bloß durch Besitz, sondern durch Tradition ausgezeichneten – Haute Bourgeoisie zählen. In Deutschland ist die Großbourgeoisie längst entmachtet. Mit dem Nationalsozialismus kam – ähnlich wie dies Zola in *Les Rougon-Macquart. Historie naturelle et sociale d'une famille sous le Second Empire* für die Zeit nach 1851 in Frankreich beschrieb – eine »geräuschvolle, anrüchige, plünderungslustige Bohème ans Ruder«, die in die Schlüsselpositionen des Staates drängte und sich dort etablierte: in Politik und Wirtschaft. Nach dem Zusammenbruch und mit Beginn des Wiederaufbaus, mit dem sogenannten Wirtschaftswunder, wurden deshalb nicht die Kinder der während des Faschismus beinahe gänzlich ausgerotteten Großbourgeoisie mächtig.

Nein, der Selfmademan eroberte das Terrain, das bis dahin der Adel innehatte oder die (jüdischen) Intellektuellen. Da die tradierten Werte – und dazu gehören Konventionen ebenso wie der Familienstolz – wenig mehr wert waren, mußte anderes zählen: Besitz. In einer eingeebneten Gesellschaft, die sich neue Definitionen schaffen wollte, neue Möglichkeiten der Ein- und Ausgrenzung, mußten neue Richtlinien her, die bestimmten, was denn nun die *feine* Gesellschaft ist. Dem Adjektiv Bedeutung zu verleihen war nun vordringlichste Aufgabe. Man schuf sich Reservate: Hamburg 13 zum Beispiel oder Bogenhausen. Man entwarf neue Verhaltens-Codices. Reichtum allein konnte nicht genügen, neue Hindernisse mußten her.

Da der Werte- wie der Traditionsverlust es aber unmöglich machte, dort wieder anzufangen, wo Adel und intellektuelles Großbürgertum gestoppt oder vernichtet wurden; da das Wirtschaftswunder nur noch an die Macht des Geldes glaubte und der Gedanke einer gesellschaftlichen und kulturellen Elite einer Gleichmacherei Platz machte, schufen sich die neuen Herren und Damen, die bundesrepublikanischen Geldaristokraten, ihre eigenen Gesetze. In jeder Stadt andere. Und deshalb steht in Hamburg jemand außerhalb, der in München schon längst dazugehört. Wer aber kommt ans Ziel, heute, in der großen Bundesrepublik?

Der Parvenü ist tot! Es lebe der Blender. Ein im Nachkriegsdeutschland zu Geld und Ansehen gekommener wildgewordener Kleinbürger! Er ist kein Spießer. Er möchte *le bourgeois gentilhomme sein.*

Wir entgehen ihm nie und nirgendwo. Bei fast jedem Abendessen ist er schon da; in jeder Bar hockt er herum. Was heißt er! Sie ist mit dabei. Der wildgewordene Kleinbürger mit der wildgewordenen Kleinbürgerin mimen Gesellschaft. Alles stimmt. Aber, leider, erkennt man ihn/sie doch. Sie verraten sich auf zwei verschiedene Weisen oder durch die Kombination beider. Entweder stimmt alles zu sehr. Oder es stimmt *fast* alles.

Keiner redet so eloquent wie er (oder sie) über Kunst und Literatur. Seine Meinung ist klipp und klar. Nur leider aus zweiter Hand. Diese Menschen kennen die Rezensionen von Büchern, Opern- und Theateraufführungen und Ausstellungen. Selber gelesen, gesehen, gehört haben sie selten. Ihre Ansprüche an die Küche sind immens. Sie essen ja dort, wo es gut und teuer ist, nur fehlt ihnen jede Neugier, Entdeckungen zu machen. Sie gehen hin, wo *man* hingeht; sie trinken Châteaus, welcher Herkunft auch immer. Sie sind die perfekten Nachahmer, denn Kreativität ist ihnen fremd.

Sie funktionieren im Beruf – und in der Gesellschaft. Sie haben ihren Knigge im Kopf, auf der Zunge und in den Gliedmaßen. Den einen gelingen ihre Maschinenbewegungen und ihre Standardhöflichkeiten und der unverfänglich geistlose Smalltalk zu gut. Bei ihnen erkennt man das Gelernte. Die anderen schaffen es beinahe perfekt. Doch die fehlende Perfektion wurmt sie. Sie werden rot, wenn der Handkuß mißlingt; und verabschieden sich, wenn sie – das größte Unglück – nicht mehr mitreden können, weil ihnen eine Rezension oder ein anderes *Must* entgangen ist.

Der wildgewordene Kleinbürger fürchtet sich vor nichts, außer vor Regelverletzung. Da er ein Leben aus zweiter Hand lebt, phantasielos nachmacht, was gerade in Mode scheint, klebt er an den Formen, die, so glaubt er, ihm den Verbleib in jener Gesellschaft, die er für *die* Gesellschaft hält, sichern. Und damit unterscheidet er sich vom Parvenü. Der war imstande, den Konflikt von Schein und Sein aufzuheben. Ganz einfach, weil ihn ja nichts – außer der Familie – von den anderen unterschied, er dem verarmten oder dem debilen Adel zuweilen sogar überlegen war, durch seinen Reichtum, seine Intelligenz. Der wildgewordene Kleinbürger aber lebt zwei Leben. Eines in der Familie und im Beruf; ein zweites außerhalb von Haus und Büro. Er kultiviert den

Schein neben dem Sein. Verstellung tut not, ist beinahe überlebenswichtig für ihn. Da es aber kein richtiges Sein im Falschen gibt, wie wir wissen, ist dieser Typ nie bei sich. Er lebt ein schizophrenes Leben. Er ist unglücklich in seiner Existenz, er muß es sein. Er muß die Kluft zwischen der Realität auf der einen und der eingebildeten Position, die einer Sekundärexistenz vergleichbar ist, kompensieren. Er leidet am Fehlen eines verbindlichen Lebenstils. Was tut er?

Er übertreibt. Er wird zum unkultivierten Snob. Schon die Formulierung ist ein Widerspruch. Der wildgewordene Kleinbürger will – sieht oder hört man ihn in Gesellschaft – immer der Beste sein: Er kennt sich aus, kennt die Marken und die Orte, verschwendet sein Geld an die kostspieligsten Outfits. Er reist in Orte, die man besucht haben muß. Weder was er trägt noch was er ißt, trinkt oder sieht, muß ihm gefallen: Sein Tun muß der Gesellschaft imponieren. Mehr braucht er nicht. Er gehört in Botho Strauß' *Trilogie des Wiedersehens*.

Mitmacher, Nachahmer

Und wie, bitte, verhalten sich die modernen Emporkömmlinge politisch? Angepaßt, liberal-christdemokratisch, liberal-christsozial, liberal-liberal. Grüne findet man selten unter ihnen, Republikaner gewiß nicht, denn da Regelverletzung die schlimmste aller gesellschaftlichen Übertretungen ist, fehlt dieser Gruppe auch ein eigenes politisches Image. Vielleicht wird die Statt Partei ihre Heimat. Da können sie nun wirklich nichts falsch machen. Sie sind Mitmacher, Nachmacher auch hier.

Wir entgehen ihnen nicht. Und manchmal, wenn jemand unsere Umgangsformen lobt, unsere Kleidung für besonders fein hält und unsere Kenntnisse preist, bekommen wir einen Schreck. Und reagieren: Wir verweigern den Handkuß, gehen an der rechten Seite der Dame; wir tragen Boss-Sakko und braune Schuhe am Abend; wir haben den Bestseller nicht gelesen (und erst recht nicht die Rezension), wir schwänzen Premieren. Wir verstoßen gegen alle Konventionen – und sind gerettet.

C. Bernd Sucher

DER GÄRTNER

Die frühen Gärtner konnten nicht wissen, wie leicht es für sie war, in alle Ewigkeit berühmt zu sein. Nicht Marcus Terentius Varro, nicht Senecas Zeitgenosse Columella, nicht Plinius mit seiner siebenunddreißigbändigen *Historia naturalis* ist dies so mühelos gelungen wie dem Reichenauer Bibliothekar Reginbert. Der Mönch nannte die Gemüsepflanzen »schön aufgewachsen«. Mit diesem einfachen Adjektiv übergab er vor 1200 Jahren den Nutzgarten den Ästheten. Die Pflanzen, die Reginbert für den St. Gallener Klostergarten vorsah, Minze, Salbei, Raute, Dill, Mohn, Rettich, Kerbel, Salat, Bohnenkraut, Mohrrüben, Kohl und Schwarzkümmel, aber auch Rosen und Lilien, sind schon in dem berühmten *Capitulare Caroli Magni de Villis* aufgeführt.

Der erste Gärtner, der nicht träumte, schrieb oder anderen zu gärtnern befahl, hieß Walahfrid Strabo. Durch »tüchtiges Zugreifen« machte er sich, der Abt im Klostergarten der Insel Reichenau, in der Mitte des neunten Jahrhunderts die Hände »schwielig« und »bräunte« sie. Brennesseln waren für den Praktiker Pflanzen, auf »deren Blätter Pfeile wachsen mit brennendem Gift«. Walahfrid war ein behutsamer Mann. Er tränkte, wenn die Saat aufgegangen war, die »dünnen Stengelchen« mit reinem Wasser aus der »hohlen Hand«.

Gärtner sind keine unabhängigen Menschen. Sie unterliegen Moden und dem Wetter. Ihre Euphorie und ihre Klagen sind ein Wechselgesang. Horaz war Blühendes zuwider. Dante pflanzte mit Worten den Spuk- und den Himmelsgarten. Über den Diadochenkampf zwischen Leben und Sterben, Kraut und Unkraut hat der Göttliche viel gewußt. In diesem Zweikampf ist jeder Gärtner gefangen.

In Gedanken neigt der Gärtner zu Übertreibungen, bei der Arbeit sieht er auf die Erde und nicht in den Himmel. Er darf sich vor vielem fürchten, nur nicht vor dem Tod. Das Sterben ist Teil seiner Kunst. Die ewige Blume ist Kitsch. Blühen und Verblühen sind sein Ziel. Seine Zeit richtet sich nach der Sonne. Ein ungeduldiger Gärtner hat den Namen nicht verdient. Der Gärtner schafft die Umgebung für die Kontemplation. Ihm selbst läßt der Garten dazu keine Zeit. Deshalb sind die japanischen Zen-Gärten aus Sand, Kies und Stein. Die Dichter und Sänger des Gartens haben selten Strabos »fetten Dünger« mit eigener Hand berührt. Poesie blüht aus der Feder und nicht aus der Hacke. Guillaume de Lorris schloß in seinem *Roman de la rose* Geiz, Gemeinheit, Alter, Armut und Habsucht vom Garten aus und öffnete ihn hinter zinnenbewehrten Mauern dem Vergnügen und dem Müßiggang.

Wie heute bei Schrebers begann die Gartenarbeit zu allen Zeiten mit der Anfertigung des Zauns. Im berühmten »Paradiesgärtlein« des Oberrheinischen Meisters blüht es hinter einer hellen Mauer. Die Mutter Gottes liest, eine Dienerin pflückt Kirschen. Der Drache ist tot und sieht wie ein Steiff-Tier aus, der Heilige Georg ist in Zivil. Um 1400 hatte jede Blume ihren Platz und ihren Dienst. Die Rose wächst unterm Lebensbaum, unterm Baum der Erkenntnis und des Todes sprießt die Lilie, Marienröslein, Goldlack und Levkoje. Veilchen und Schlüsselblumen hielten fürs Zeitlose her und vermehrten sich zu Marias Füßen. Aber kein Garten ist das Paradies. Zweihundert Jahre nach dem Entstehen des Bildes vom Oberrheinischen Meister warnte Joseph Furttenbach vor den »raubenden Horden« und riet jedem

Gärtner zum Zaun aus Brettern oder Buchs. Hinterm Sichtschutz lobte Furttenbach die »Recreation, Hertzen Frewd und Erquickung«. Die Frühjahrsblumen seiner Wahl sind alle im Gartencenter zu haben.

Nur den Augen des Städters erscheint die Umgebung der Stadt als Landschaft. Ein Bauer schaut, ob sein Feldnachbar bessere Früchte hat, Schönheit interessiert ihn nicht. Der Städter sieht den Acker aus der Distanz des Ästheten. Dichtungen über die Natur sind städtischen Ursprungs. »Dein Haus steht am Weltrand, und ich gehe durch seinen leeren Garten.« Sarah Kirsch ist die Prinzessin unter den Gärtnern der Gegenwart. Sie hat vor vielen Jahren das Berliner Stadtleben abgewickelt und sieht die Erde aus gleicher Höhe wie ihre Schafe. Samt und Seide rollt sie aus, damit sich die Dotterblumen paaren, den Nebel zieht die Dichterin in Ellen vom Himmel und verdeckt damit gnädig die Hundekacke im Cotoneastergebüsch.

Gärtner sind neidisch. Ein schönerer Garten als der eigene knickt seinen Ehrgeiz wie eine gebrochene Blume. Ihre ungetrübteste Zeit ist der Winter. Im Zimmer entstehen die Gärten unserer Nachbarschaft. Kataloge werden studiert, »Prachtmischungen« im Sonderpack geordert und überlegt, wie viele Fuhren Mischbeton zu kaufen sind, um dem Unkraut die letzten Wege zu versperren. Diese wackeren Gärtner haben allerdings keinen blassen Schimmer von der Kunst der künstlichen Wildnis, die Rousseaus Herr von Wolmar als Ausdruck wahren Geschmacks forderte. Wie soll man ihnen erklären, daß Geschmack darin besteht, die Kunst zu verbergen. Die Natur, sagt Rousseau, »pflanzt nichts nach der Schnur«. Für alle Zeit hat er die schwere Partie hinterlassen, daß ein gänzlich wild scheinender Garten ein künstlicher ist. Das hat Herr Fischer, wenn das Kreuz ihm wieder mal weh tat, auch immer gesagt.

Jede Generation, wer wüßte das nicht, hat ihre eigene Natur. Die Natur gibt es nicht, nur das Abbild in unseren Köpfen. Der Gärtner unserer Gartenschauen und Grünteppiche kann keinen Sinn mehr dafür haben, daß Gärten Bilder sind im Maßstab 1:1. Die französischen Gärtner im 18. Jahrhundert behaupteten, daß eine von Menschen geordnete Natur sich wohltuend zur chaotischen Umwelt verhalte. Die Engländer hielten dagegen und sagten, die Unordnung der Natur sei eine Ordnung, in welcher eine harmonische Gesellschaft leben und wirtschaften sollte. So ist der Garten ein Spiegel wechselnder Gesellschaften. Der Garten darf nie nur Garten sein. Bei den Humanisten sollte »der Geist im Garten tätig werden«, das Barock erhoffte sich »Erquickung und Erlustigung«. Im 19. Jahrhundert dachte man an die »plain people« und an den armen Mann. Das 20. Jahrhundert erfand den pflegeleichten Garten, den Wohngarten »ohne Sorge«, das Ende vom Traum.

Wir haben die Gärten auf die Dächer gehoben und den veralteten Naturpark durch Büroparks und Industrieparks ersetzt. Der Garten der Zukunft wird künstlich, aseptisch und auf dem Bildschirm sein. Der Mustergarten steht dann neben den Tieren mit Artenschutz im Zoo. Der Gärtner, ein Überrest einer anderen Welt? In Maßen vorgesehen hat den Weg in die Künstlichkeit Francis Bacon, Erfinder der empirischen Wissenschaft und englischer Philosoph. Die Zivilisation, sagte Bacon, »die sich zur Eleganz emporschwingt, wird eher stattlich bauen, als zierlich gärtnern«.

Die Bedeutung des Gartens wandelt sich wie seine Interpreten. Im 18. Jahrhundert gaben die Dichter und Philosophen den Gartenton an. Das 19. Jahrhundert brachte die Professionalisierung und machte Gärtner, wie Loudon, Sckell, Hughes, Olmsted oder Linné zu angesehenen Männern. Laien, wie der verrückte Fürst Pückler, kann ein Garten alles nehmen, was er an irdischen Gütern besitzt. Pückler legte, nachdem er an seinem Park in Muskau bankrott gegangen war, mit Hilfe des Geldes seiner Frau den Park um seinen Alterssitz Branitz an. Sein Herz ist in einer dafür aufgetürmten Pyramide im Branitzer See begraben. Fürst Pückler war ein Wahnsinniger; weil er so war, wurde er weltberühmt.

Wahnsinnig muß der wahre Gärtner sein, auch wenn diese Art von Wahnsinn am Aussterben ist. Bäume wachsen langsam in den Himmel. Ihren Reichtum sieht er zu seinen Lebzeiten nicht. Die Psyche des Gärtners ist kein Acker für den Analytiker. Seine Therapie fruchtet auf freiem Feld. Der Gärtner ist ein Verschwender. Er lebt für den Augenblick. Seine Leidenschaft gehört ihm allein. Kein anderer sieht das Gartenbild so, wie er es sieht. Das Bild ist niemals vollkommen. Es ist Frost, Trockenheit, Regen und Raupen ausgesetzt.

Die typisch deutschen Gartenzwerge haben ihr eigenes Glück. Sie wissen alles und alles immer besser. Sie sind die Fußnote im Gesicht der Natur. Der Garten zeigt Weite und Dichte des Horizonts oder des Charakters seines Besitzers. So gesehen ist ein Garten ein ungeschriebenes Stück Psychologie. Bis jetzt ist die Verwüstung des Gartens nicht gelungen. Der Willkür und Armseligkeit von Stadtplanern und Gartenarchitekten zum Trotz. Hier und da läßt sich, zum Beispiel in Wörlitz, Muskau, Branitz und Weimar eine Ecke vom Garten Eden aufspüren.

Im Garten muß man der Ungeduld Abbitte leisten. Mit viel Talent und wenig Geschmack ist kaum etwas zu haben. Blumen, Bäume und Büsche nehmen nichts auf Wiedervorlage. Der Lidschlag der Ewigkeit ist die Stechuhr des Gärtners. Nur wer sich auf diese Perfektion einläßt, hat den Titel verdient. Kinder soll man nicht als Gärtner verkleiden. Sie sind für solche Verantwortung zu jung. Der Gärtner braucht Hochmut, weil er einer der letzten unter den freiwillig praktizierenden Illusionisten ist.

Verena Auffermann

DER PATRIOT

Er könnte Kohl heißen, Nolte oder Walser. Vielleicht sogar Enzensberger. Auch Augstein käme in Frage. Selbst B. Strauß wäre denkbar, obwohl wir nach Luft ringen, wenn er im anschwellenden Bocksgesang von seinem Vaterland spricht. Der Namen gibt es viele, viel zu viele, wie überall dort, wo ein pompöser Begriff dazu ansetzt, das Unallgemeine zu verschleiern. Beinahe muß man jetzt wieder meinen, der Patriotismus gehöre zur Grundausstattung einer deutschen Seele, wäre untrennbar mit dem Wesen dieses unergründlichen Menschenschlags verbunden. Deutscher sein heißt, Patriot zu sein – nein, so einfach geht das nicht.

Er könnte Stasi-Spitzel gewesen sein oder ein Scherge der SS. Er könnte möglicherweise auch im Untergrund gewirkt haben, ein Verschwörer und Widerständler, dem erst späte Würdigung widerfuhr. Wahrscheinlich aber hat er ein braves, fast unbemerktes Demokratenleben geführt. Patriot zu sein bedeutet, einen unverrückbaren Platz im Kosmos einzunehmen. Kommt eines fernen Tages der Augenblick, in dem die Sterne kollidieren und die Universen durcheinandergewirbelt werden, wird der Patriot nicht im planetarischen Chaos verlorengehen. Er wird sich wiederfinden und wird wiedergefunden werden, da er, was er nie zu bekräftigen vergaß, angestammt ist und mit jeder Faser seines Herzens an dieser Abstammung hing und weiterhin hängt.

Patriotismus entspringt einer inneren Bedrängnis, die als äußere Bedrohung empfunden wird. Was ist in Gefahr? Alles, vor allem das leere und unerfüllte Wesens-Ich. An dessen Stelle rückt das Vaterland, dem der Patriot fortan sein

Leben weiht. Wo liegen die Feinde auf Lauer? Überall und jederzeit. Vor allem aber im Hinterhalt jener Schicksalsstunden, in denen das Leben aus gesicherten Bahnen zu geraten droht. Zweifel prasseln hernieder, Widersprüche tun sich auf. Recht und Unrecht sind verwirrt, orientierungslos irren Seele und Geist, der Lebenskompaß kann die Zukunft nicht mehr orten und die Konfusion foppt mit tausend Spiegeln und Schimären. An solchen Schlingertagen müßte den Erdenwurm Kühnheit packen, müßte sie ihn lehren, eigene und unmarkierte Wege zu kriechen. Doch die Kühnheit ist die Tugend der Einsamen und Verlorenen, der Narren und Heimatlosen. Gerade dieser Seelennot will aber der Patriot entfliehen, dies ist sein Motiv: Nicht mit sich und seinem Geschick allein gelassen zu sein.

Er kettet daher sein Dasein an das Schicksal des Kollektivs, dem er sich zugehörig fühlt und das er mit allerlei Ehrenzeichen, Wimpeln, Mythen, Hymnen, Vorurteilen und Andachtsworten der allerkitschigsten Sorte zu schmücken weiß. Mag sein, daß dies aus einem Überlebenstrieb geschieht. Mag sein, daß sich der Patriotismus aus dem Gemeinschaftssinn der Urhorde entwickelt hat. Mag sein, daß er aus der schuldhaften Verstrickung herrührt, die einst die einzelnen Hordenwesen zusammenschweißte, nachdem sie ihren Führer und Vater ermordet hatten. Dann könnte man meinen, daß der Patriot bloß den »Erinnerungsspuren« jener »archaischen Erbschaft« folgt, von der Sigmund Freud spricht, wenn er sagt, daß die erste, verdrängte Blutschuld zur Triebfeder des Zivilisationsprozesses geworden ist. Das würde allerdings bedeuten, daß sich die vielen flaggenbewehrten Patrioten, die in gegenüberliegenden Schützengräben kauern, tatsächlich zum Verwechseln ähnlich sind und in letzter Konsequenz nur einen gemeinsamen Feind kennen, nämlich den vaterlandslosen Gesellen.

Stets wird der Patriot jedoch sein Kollektiv über alle anderen setzen. Er nennt es Vaterland, Volk, Nation oder Stamm. Er hat sich ihm ausgeliefert, es ist sein höchstes Gut. Es darf jede Pflicht von ihm fordern, ja es muß sogar, will es sich seiner wert erweisen. Erst dadurch erfährt der Patriot seine Bestätigung, wird er im Bewußtsein des Auserwähltseins bestärkt: Indem er seine Bereitschaft bekundet, für seinen Abgott selbst das Leben hinzugeben, hebt der Patriot seine eigene Existenz auf jenes Podest der Unsterblichkeit, auf das er zuvor das Kollektiv, als dessen unabtrennbaren Teil er sich ja versteht, gehoben hat. Allen Ernstes glaubt er daran, nicht nur es werde durch ihn weiterleben, sondern auch er in ihm, wenn er längst ein Fraß der Würmer geworden ist.

Jetzt muß ihn seine eigene Vergänglichkeit nicht mehr beschäftigen, muß ihn seine Unzulänglichkeit nicht mehr kümmern. All diese Irritationen werden aufgehoben und wettgemacht durch ein übergeordnetes, unanzweifelbares Über-Ich. Er, rastloser Faust, hat seinen Pakt geschlossen, nicht mehr sein zu müssen, was er ist: winzig, kosmischer Staub. Wenn an Stelle der Reflexion die Projektion tritt, wenn die Sehnsucht mächtiger wird als die Tatsachen und das gemeinsame Glauben strahlender als der Wissensdurst der Kreatur, wenn also die Seele den Körper verläßt und wiederkehrt als Phantasmagorie, so ist dies der Augenblick, in dem der Erdenwurm zu marschieren beginnt.

Er marschiert und Monumente säumen seinen Weg: Gedenkstätten und Kriegerdenkmale, Standbilder und Heldengräber, Erinnerungsorte, Stelen, Säulen, kolossale Architektur. Sie sollen die Fortdauer des Vergehenden, des Vorwärtseilenden beschwören. Man wählt hartes, beständiges Material, man hat in Stein gehauen, wofür man keinen anderen Ausdruck fand: erstarrte Stoßgebete wider die alles verschlingende Zeit. Denn dem Patrioten gelte sein Kollektiv, wie Fichte meint, als »Träger und Unterpfand der irdischen Ewigkeit«.

Patrioten suchen unentwegt nach einem Ankerplatz für ihre erhabenen Gefühle. Sie forschen gerne im Nebel der Vergangenheit nach Belegen, durch die sich ihr Volk, ihre Nation oder ihr Vaterland ihrer aufopfernden Liebe für würdig erweisen kann. Sie gründen Museen, die sie mit all den Beweisstücken ihrer Selbstbestätigung füllen. Wie Marodeure durchstreifen sie die Geschichte und plündern aus dem Fundus des Gewesenen alles, was ihnen wertvoll, ihrem Patriotismus zuträglich erscheint. Der Rest, historischer Müll, bildet bloß noch jenen weichen und schwankenden Boden, auf dem der Patriot seine Geschichte baut. Deshalb ist sie bereits baufällig, bevor der Patriot noch in sie eingezogen ist. Doch wenn das stolze Gebäude wankt, verstärkt er die Mauern, bewehrt die Türme und pölzt das ächzende Gebälk und denkt nicht daran, daß, wer solcherart auf Treu und Glauben baut, auf Sand gebaut hat.

Ein besonders patriotischer Baumeister, der im Lauf seines Schaffens ehrfurchtsheischende Monumentalität bis zum Exzeß des Größenwahns gesteigert hatte, dieser Albert Speer entwickelte, in dunklen Stunden die Grundlage seiner Bauten vielleicht ahnend, die »Theorie vom Ruinenwert«. Sie verlangt, daß sich die steinernen Zeugen einer Epoche erst offenbaren dürfen, nachdem sie in sich zusammengestürzt sind. Denn dann, so vermuten wir, darf man hoffen, daß Patrioten zu den Trümmern pilgern werden und leidenschaftlich fordern, sie erneut und sogar doppelt so hoch aufzutürmen.

Patrioten sprechen viel vom Wiedererrichten, vom Zurückgewinnen, vom Anschlußfinden an das, was einmal gewesen sein soll. Patrioten sind sehr geschichtsträchtige, allerdings keineswegs geschichtsbewußte Menschen. Sie kennen ja keine Zukunft außer jener Zeit, die weit hinter ihnen liegt. Sie rechtfertigen das Morgen durch das Gestern, wider alle Logik und allen Verstand. Sie sind im eigentlichen Sinn ahistorisch, da sie das einzige Gesetz der Geschichte, das im unaufhaltsamen Werden, Vergehen und in der Unwiderbringlichkeit des Augenblicks liegt, nicht zur Kenntnis nehmen. Insgeheim harren Patrioten auf einen Erlöser, der das Rad der Geschichte zurückdreht an einen mythischen Ausgangspunkt.

Diese Kyffhäuser-Mentalität verwandelt sie in Schwärmer. In der Regel sind es durchaus gutmütige und zutrauliche Menschen, häufig auch schwermütige, die mitunter allerdings zähnefletschend, knurrend und blindwütig werden müssen, wenn sie, was zyklisch geschieht, die Angst überfällt, sie könnten aus ihren patriotischen Träumen gerissen werden.

Die dumpfe Ahnung drohender Gefahren lebt in jedem Patrioten. Er behauptet, man fürchte den Neid der Rivalen. Argwöhnisch verfolge man daher die Konkurrenz auf Schritt und Tritt. Doch fürchtet der Patriot nur sein eigenes Versagen. Da er sich seiner selbst nicht sicher sein kann, schwankt auch sein Vertrauen in das Kollektiv, dessen kleinster Teil er ist. Er muß sich jetzt beweisen, und nur für kurze Zeit beschwichtigen den Zweifler gereimte Beschwörungsformeln (»Lieb Vaterland magst ruhig sein ...«) und ähnlich kluger Spruch (»Denn Charakter haben und deutsch sein ist ohne Zweifel gleichbedeutend«). Schließlich muß das Kollektiv zu seiner Bestätigung Opfer fordern, und je größer die Zahl derer, die es verschlingt, desto schlagkräftiger der Beweis.

In seinem *Exkurs über den Nationalismus* beschreibt Norbert Elias am Beispiel der deutschen Mittelklasse-Eliten während des zweiten Kaiserreichs, wie sich die Abkehr dieser kulturtragenden Schicht von den humanistischen Idealen der Klassik fast zwangsläufig vollzog. Im Junkerstaat Bismarcks spielten sie politisch keine Rolle und kompensierten daher ihre effektive Machtlosigkeit, indem sie den Staat zur Nation erhoben und als »Herzstück des sozialen Glaubenssystems« verinnerlichten.

Der biedere Patriot schmiedet gern verklärte Verse, grübelt in den Annalen und spinnt allerlei Philosophenhaftes dahin, ohne daß er deshalb gleich zur Tat schreiten mag. Er ist sich's so zufrieden, es geht ihm gut, auf sattem Wohlstand gedeiht die Unersättlichkeit nur schlecht. Es kommt aber der Tag, an dem auch ihn warnende Zeichen bedrängen, Krisensymptome erschüttern. Wo steht der Feind? Ein patriotischer Mechanismus fährt Scheuklappen aus. Das Schwärmen schwillt zum Pathos an und Tollwut befällt den Patrioten: Nun schäumt der Nationalismus aus seinem Mund. Doch der Keim des Verderbens hat immer in ihm gesteckt.

Nationalismus ist der Patriotismus des groben Kerls. Der Patriot mimt gerne den feinen Herrn. Seine Stirn ist umwölkt von hehren, gar heiligen Werten, mit manikürten Fingern blättert er in einem gebildeten Journal. Der Nationalist hingegen ist ein kraftstrotzender Rüpel, seine Rede ist Donnerwort und Grölgesang. An seinen Schläfen schwellen die Adern dick und rot, er ballt die Faust. Vor dem einen zieht man den Hut, vor dem anderen spuckt man aus. Der eine stiftet den Sinn, der andere den Brand. Es kommen aber später dann Zeiten, da der Patriot gezwungen ist, Nationalist zu sein. Das bedauert er sehr und beklagt, die Sitten wären zeitweilig leider etwas roh.

»Dulce et decorum est pro patria mori«, sagt Horaz. In einer späten Ode allerdings ergänzte der Dichter aus Sabinum seinen Treueid: »Dort ist es süß, wo es erlaubt, den Narren zu spielen.« Macht nichts, wenn hier und heute Horaz nicht mehr zu den Patrioten gezählt werden darf.

Joachim Riedl

DER DIRIGENT

Nur an König und Kaiser ist er zu messen – oder gleich an Gott Vater, der als einziger über ihm steht. »Es werde Klang«, zaubert er mit seinem Stab über den Hundertschaften von Streichern, Holz- und Blechbläsern, Chorleuten, Solisten. Aber er, der Einsatzleiter, Zuchtmeister, Klanggewaltige – der Dirigent, soviel ist sicher, ist nicht selbst der Musiker, er *macht* keinen Ton selbst. Das schafft manchem aus seiner Zunft Probleme (etwa mit den Orchestermusikern, die es ja *können* und ihn gnadenlos durchschauen). Es hebt ihn aber in den Augen des Publikums, der Musikwelt über die Niederungen des kollektiven Streichens, Blasens und Singens weit empor: IHN am Pult als der Schaltstelle der Macht. Dirigenten sind die Schlüsselfiguren auf dem Jahrmarkt der Musik, sie sind die Herrscher, die Götter.

Und ihre Macht und Wirkung dürfen sie gleich doppelt ausüben, in mindestens zwei Richtungen: nach vorn ins Orchester, nach hinten in den Saal, Produzenten wie Konsumenten der Musik stimulierend oder fortreißend – immer mitten aus dem Klanggetümmel heraus, das sie nach allen Regeln der Kunst derart zu ordnen haben, daß dabei »Musik entsteht«. Sind sie nun Schöpfer oder Nachschöpfer? Künstler oder Showmaster? Taktschläger oder Querschläger? Ja, es wetterleuchtet und schillert mächtig um sie herum. Ob in Salzburg oder Coburg, immerzu: es werde Suggestion! Faszination! Rausch! Magie! Oder doch wenigstens, bitte schön, die Taschenversion von alldem. Mancher von ihnen scheint, wenn man ihn so beobachtet, direkt dem Buch von Lange-Eichbaum und dessen berühmtem Schreckensdreieck (»Genie, Irrsinn, Ruhm«) entsprungen …

Eine kleine Charakter- oder Bewegungstypologie schafft Übersicht, gliedert sie beispielweise in: die Introvertierten und die Extrovertierten, die Motoriker und Sensualisten, die Klangasketen und Somnambulen, die Autisten und Weltumarmer, nicht zu vergessen die Präzisen und die Schlamper, die schlingernden Großspurigen und die hakkenden Kleinteiligen. Und als Zugabe die Temperamente – Sanguiniker, Choleriker, Melancholiker, seltener am Pult: die Phlegmatiker. Vor allem die Hysteriker, Neurastheniker und unentwegt Exaltierten. Überhaupt und wenn möglich das pausenlos sprudelnde *Temperament*, die sprühende Lebhaftigkeit, die Erregbarkeit, der Schwung, das Feuer, der Furor – immerdar auf die da unten mit beschwörenden Rudergesten oder Keulenschlägen niederfahrend, -prasselnd. Waren neulich nicht sämtliche Exemplare bei den Festspielen Salzburgs an der Arbeit?

Zunächst die Workaholics und Vielfraße mit den »Dirigaten« in allen Konzertsälen und Plattenstudios der Welt, die es in der Regel auf ein Opernhaus plus zwei Orchester gebracht haben – und auf mindestens drei Plattenfirmen, die sich das ganze teilen müssen für die kleinen Silberscheiben, die dann im Dunstkreis Großer Festspielhäuser zu Lachs und Pinot grigio an die Fachpresse verteilt werden. Ihre Zahl ist in den letzten Jahrzehnten bedenklich angewachsen, sie tragen entweder – dem rasanten Vorbild Arturo zuliebe – italienische Namen wie Claudio, Riccardo und Giuseppe, oder sie hefteten sich rechtzeitig an die Fersen des Dirigier- (und Medien-)Krösus Herbert und heißen Sir Georg, James, Seiji, Kurt, Zubin, Colin oder Lorin.

Dann die Quereinsteiger, die sich von einem Instrument aus, vielleicht als Einspringer, aufs Podium hochgeschwungen haben. Das Klavier, die Geige, die Bratsche, das Cello, sie bringen nicht mehr die volle Befriedigung, das Instrument ist viel zu klein, der Arbeits- und Geltungsdrang zu groß geworden. Erst in der Massierung vieler Töne und Instrumente und Instrumentalisten wird das Klangmaterial knetbar – Daniel, Vladimir, Neville, Yehudi und Mstislav heißen die berühmtesten unter ihnen. Der Unschlagbare jedoch ist Justus, dem als Tätigkeitsfeld gleich ein ganzes Bundesland, gleich eine ganze Fernsehnation zur Verfügung gestellt werden mußte. Rührenderweise läßt er nicht nur spielen, sondern setzt sich, bescheiden geblieben, auch noch immer selbst ans Klavier.

Endlich die bedächtigen, immer bedenken- und verantwortungsvoll, fern aller flatterhaften Gedanken an Geld, Ruhm und Jahrmarkt wirkenden werktreuen Sachwalter der Musik: Wolfgang, Horst, Bernard, Günter und Christoph nennen sie sich vorzugsweise schlicht. Und auch noch die strikt Modernen, nüchtern Sachlichen mit den spitzen Armbewegungen und den avantgardistischen Fingern? Sie hören am besten auf Namen wie Michael, Hans und Pierre. Die Klangoriginalen hingegen, von archäologischem Wissen und Wesen Getriebenen mit den ungemein rasch und sicher schleudernden Händen heißen meistens Nikolaus, John Eliot, Christopher, Koop, Trevor und Roger. Schließlich die jüngeren Wilden, die ihre Karriere schon ziemlich anders anlegen als die oft von einem einzigen amerikanischen (Columbia Artists) Management ferngesteuerten Erfolgs- und Verschleißdirigenten. Sie hören auf so aparte Namen wie Esa-Pekka, Simon, Maris, Gustav oder auch Ingo.

Aus der gesuchten Gattung der Verweigerer, der Verstummten (wenn nicht Verschollenen) wäre an erster Stelle der untergetauchte Topdirigent Carlos zu nennen, der

Meistgesuchte, entgegen jüngsten Meldungen keineswegs in seinem Versteck aufgespürt. Seine äußerst raren musikalischen Lebenszeichen, von Hektik wie Tragik gleichermaßen gezeichnet, pflegen in den Hauptstädten Staatskrisen hervorzurufen.

Zur Wahrheit provozieren

Eine rare Spezies – der Philosoph, der Zen-Meister unter den Dirigenten, symphonischer Verschwender und Medienverweigerer in einer Person: der von der Plattenindustrie und ihren publizistischen Bataillonen gewöhnlich als Störenfried angesehene, viel geschmähte, ja oft verfluchte Taktstock-Freibeuter namens Sergiu: »Wenn einer beim Rasieren sein Hänschen-klein singt, dann hat das mehr mit Musik zu tun, als wenn jemand die Fünfte von Beethoven auf der Platte hört.« Denn: »Es gibt nicht die Fünfte von Beethoven – sie entsteht immer wieder neu.« Seine schlimmste Frage an Schüler lautet: »Willst du nur Erfolg haben oder willst du Musik machen?« Durch Provokation zur Wahrheit?

Überhaupt die großen alten Kapellmeister! Sie – welche auf Namen wie Wilhelm, Otto, Fritz, Bruno, Carl, Erich, Rudolf, Victor, Willem und Lennie hörten – hatten noch höhere Weisheiten zu verkünden als alle Marketing- und PR-Philosophen der Gegenwart zusammengenommen.

Zum Phänomen der Perfektion, höchste musikalische Meßlatte für den Schwachhörer, hatten sie eher Unangenehmes auf Lager. Zum Beispiel: »Es scheint heute überall so zu sein, daß die auf die Spitze getriebene Mechanisierung die höheren musikalischen Qualitäten, wegen deren wir schließlich allein Musik machen und anhören, übermäßig in den Hintergrund drängt«, so Wilhelm schon 1937. Nicht nur perfekte schöne Klangwelten, sondern höhere musikalische Qualitäten! Also Werktreue nicht gleich Notentreue? No, illustrissimo Maestro Arturo! Für den alten Zen-Meister ist klar: Alles steht in den Noten, nur nicht das Wesentliche. »Aber was ist in den Noten gedruckt? Nichts ist gedruckt. *Klangverhältnisse entstehen* – und die sind nicht gedruckt.« Alles fließt? Ratlosigkeit entsteht?

Gibt es denn keine objektiven Grund-Sätze, wenigstens in der Dirigiertechnik? »Mit der Taktstockspitze ist innerhalb der Taktfiguren unter Berücksichtigung der Schwingungsweiten (Tonstärkegrade) die Zeit in Raum umzusetzen.« So nüchtern-physiologisch geht es in dem Gewerbe eigentlich zu. Aber der Geist weht doch, wo er will: »Während des Musizierens ist das Kunstwerk zum Vermittler der verbindenden Beziehung zwischen Dirigent und Ausführenden zu erheben: Der Dirigent hat sein Augenmerk ungeteilt auf das Kunstwerk zu richten und die Ausführenden durch das Mittel der geistigen Spannung zum Kunstwerk heranzuziehen.«

Die Sätze stammen nicht von einem Dirigenten, sondern einem Orchestermusiker, der es einem Großen am Pult abgeschaut hat: Richard Strauss. Der ließ sich im Vorwort zu einer Broschüre von 1931 dazu herab, seinen Pultkollegen Weisheiten zuzurufen: »... Seid nicht zu stolz auf euren dreimaligen Hervorruf nach der dritten Leonorenouverture! Da unten im Orchester, bei der ersten Violine, da hinten bei den Hörnern, oder gar am anderen Ende bei der Pauke, sitzen Wächter mit Argusaugen, die jedes eurer Viertel oder Achtel mit kritischen Blicken verfolgen, die stöhnen, wenn ihr ihnen Tristan-alla-breves in vier Vierteln vor der Nase herumfuchtelt' ...«

Es gab keine Symphonieorchester ohne Dirigenten, doch

es gibt ins Leere dirigierende Dirigenten ohne Orchester – die Krönung der Kunst des »Musikdarstellers«. Privat zu Hause und öffentlich, Loriot hat es vor dem tönenden Plattenspieler vorgemacht. Da führt auch der verwaschenste Auftakt zu lupenreiner Perfektion der Musizierenden – am Mischpult des Tonmeisters. Und um die richtigen Tempi braucht sich dieser Dirigent erst recht nicht zu sorgen. Nicht um Richard Wagners ehernen Satz: »Will man alles zusammenfassen, worauf es für die richtige Aufführung eines Tonstückes von seiten des Dirigenten ankommt, so ist dies darin enthalten, daß er immer das richtige Tempo angebe.« Wagners Wähnen währt – unverändert in einem gnadenlos kommerzialisierten Musikbetrieb: »Nur die richtige Erfassung des Melos gibt aber auch das richtige Zeitmaß an.«

Ob er mit dem Zeichen- und Zauberstab oder mit den bloßen Händen antritt, in welcher Körpersprache er ans Pult geht, schreitet, schlendert, kriecht, eilt, hastet oder stürzt, und wie er den Klang den Musikern entlockt, im Raum modelliert: Das Geheimnis des Dirigenten, wenn er denn eins hat, bleibt bei ihm. Wir sehen und hören, erleben Musik und staunen.

Wolfgang Schreiber

DER PSYCHOANALYTIKER

Es gibt eine Menge guter Witze über Psychoanalytiker, leider fällt mir im Moment nur keiner ein. Ich werde sie verdrängt haben: Der Witz stellt eine zivilisierte Form der Aggressionsabfuhr dar, enthält also ein Moment der Auflehnung gegen die Autorität, fällt damit dem Gewissen anheim und wird, infolge Schuldgefühls, alsbald vergessen. – Die Psychoanalyse betreibt, im Seelenleben oder gar darüber hinaus, die Vernichtung des Zufalls; sie ersetzt denselben durch Zwangsläufigkeit. »Vergessen« ist keine Entschuldigung mehr, ein Versprecher enthält die Wahrheit (die der Analytiker entlarvt), und selbst der Traum – der Alptraum sowieso – ist ein rationales Ereignis, das nach fachgemäßer Deutung weitere, dem Klienten bisher unbekannte Zwangsläufigkeiten enthüllt …

Soweit das Schreckgespenst der Psychoanalyse. Was den Fachmann selbst betrifft, so verkörpert der naturgemäß jenen, der ans Verfahren glaubt. (Alle Möglichkeiten dieser Immer-noch-nicht-ganz-Wissenschaft im gängigen 50-Minuten-Rhythmus.) Der Psychoanalytiker ist Seher, Priester, Ingenieur und Sphinx in einer Person und außerdem beinahe aus Stein. Weil sein Ziel darin besteht, den anderen mit sich selbst bekannt zu machen (und – hoffentlich – zu versöhnen), betätigt er sich meist als Spiegel, bleibt also möglichst unpersönlich und ausdruckslos und gibt dem Klienten jeden Versuch zum Dialog zurück.

»Warum sagen Sie nichts dazu, daß meine Frau mich verlassen hat?« »Möchten Sie denn, daß ich etwas dazu sage?« »Na ja, ich meine, deshalb bin ich ja hier. Wenn Sie gar nichts dazu sagen, dann brauche ich ja nicht herzukommen...« (Pause). »Aber Sie sagen ja immer noch nichts?« »Nein, ich sage immer noch nichts.« »Hören Sie, ich finde –, ich meine –, Sie müssen doch irgendeine Meinung dazu haben?« »Warum finden Sie, ich müßte ...« usw. Am Schluß der Übung hat der erschöpfte Patient die Meinung des Analytikers, die er befürchtet (»Recht hat sie, die arme Frau«) oder erhofft (»Wie konnte diese ehrgeizige, herzlose Schlampe ihm das antun!«), immer noch nicht erfahren. Aber über sich hat er immerhin gelernt, daß er von seinem Analytiker bestätigt werden will, daß der ihn schützen soll gegen die Unbilden der Außenwelt und daß schon die kleinste Enttäuschung ihn in die größte Unruhe versetzt, zumal dann Aggressionen an die Oberfläche steigen, die durch diesen Anlaß keineswegs gerechtfertigt sind, sondern an alte Wunden erinnern ... Das klärt, aber es verschuldet auch. Und es macht ein für allemal klar, wo die Wahrheit, der tote Hund, begraben liegt: unter dem Gesäß des Analytikers, wo der Patient, auf dem Boden seines Bewußtseins robbend, dieselbe freischaufeln muß.

So schief auch die Situation, was die Machtverteilung betrifft: Denn wo immer der Patient der Deutung des Analytikers nicht folgt, kann dieser Widerstand diagnostizieren – die ultimative Deutung, gegen die sich zu verwahren dieselbe nur bestätigt ... Das Zimmer des Analytikers ist ein antikapitalistischer Raum, denn hier gilt, daß man dafür zahlt, daß man das letzte Wort nicht behält und sowieso im Unrecht ist – wie sonst nur in jenen Stuben, in denen sich Masochisten für nicht geringes Entgelt peitschen lassen.

Aber dabei bleibt es ja nicht: am Ende der Unternehmung steht immerhin der Lebenssinn. Sich die eigene Geschichte so erzählen zu können, daß sie Vergangenheit und Gegenwart als eine Kontinuität erscheinen läßt, die zudem nicht nur fürchterlich ist: Was für eine schöne Vorstellung! Der Psychoanalytiker ist der Kamelführer durchs Nadelöhr und kann es nur sein, wenn der Patient ihn mit jener Dreieinigkeit aus Glauben, Hoffnung und Zuversicht ausstattet, die er an sich selbst eben verloren hat. Geht die Sache gut, dann findet er die Wahrheit über sich mit Hilfe dieses magischen Helfers selbst heraus – und geht leichteren Schrittes, als er gekommen war, und zur Selbstklugheit emanzipiert von dannen. Geht die Sache schief, dann trennt man sich mit Vorwurf und Enttäuschung – und behält das letzte Wort noch immer nicht im Behandlungszimmer, sondern allenfalls bei guten Freunden oder gar in der Öffentlichkeit. Was einen Grund dafür ausmacht, warum der Psychoanalytiker ein bevorzugtes Objekt nicht nur des Klatsches, sondern auch der üblen Nachrede ist: Sein schlechter Ruf war immer größer als er selbst.

Aber der Schatten ist kleiner geworden – was dreierlei Ursachen hat. Zunächst hat sich die Gesellschaft an diesen Berufszweig – wie an den des Fernsehmoderators, des Abwasserspezialisten und der Farbberaterin – einfach gewöhnt. Der Psychoanalytiker ist sozial unauffällig, bürgerlich gekleidet und Steuerzahler und stellt keine Belastung der Umwelt dar; das trägt zur Säkularisierung bei. Zum zweiten haben sich auf dem fruchtbaren Arbeitsfeld des Psychoanalytikers – dem Wissen um das Selbst – inzwischen so viele Säer und Ernter ihre Furchen erobert, daß der Analytiker seiner dämonisch-geheimnisvollen Besonderheit ganz von selbst beinahe verlustig ging: Im Vergleich mit einem Urschrei-Therapeuten ist er noch schweigsamer als sonst, statt dynamisch-nackter Körperarbeit im Freien betreibt er nur verklemmte Sitzungen im Ledersessel, und verglichen mit einer x-beliebigen Auraspezialistin in Darmstadt ist er einfach ein teurer Langeweiler. Drittens aber hat der Analytiker durchaus selbst dafür gesorgt, aus dem Stand des Gurus in den des kassenärztlichen Angestellten zu geraten: er hat die Gesellschaft selten verstimmt und sich mit wachsender Professionalisierung einer allgemeinen Mutlosigkeit anbequemt, die seine intellektuelle Zuständigkeit auf die Intimsphäre des Versicherungsnehmers reduziert.

Aus dem Dompteur der Wahrheit (ein Tier mit reißenden Zähnen) ist ein Tierpfleger bei Hagenbeck geworden – im Streichelpark. Dabei hatte es so schön angefangen. In den guten alten Gründerzeiten, als das psychoanalytische Wissen noch ein vorläufiges war und die apokalyptischen Verwirrungen von Jahrhundertende und Weltkrieg die größten und bizarrsten Triebe ausschlagen ließen, probierte man allerlei aus: Freud korrespondierte mit Einstein über die Kriegssehnsucht der Menschen, Lou Andreas-Salome schrieb beinahe feministisch über die Liebe, und in diesen ersten Jahrgängen der Fachzeitschrift *Imago* fand sich, neben spannenden wie pittoresken Falldarstellungen, auch ein Artikel über die Eignung zum Fernlastfahrer unter psychoanalytischer Rücksicht ... Jegliches Thema war zulässig und keines war zu gering, denn Gegenstandsbereich, Methode und Darstellung wurden noch entwickelt. Die Wahrheit und abermals die Wahrheit, »das große ethische Moment der Psychoanalyse« (Freud an Putmann), vertrug keinerlei Einschränkungen, war aber den heftigsten und produktivsten Konkurrenzen unterworfen. Der eine Schüler verlegte sich auf die Charakteranalyse, der nächste auf die symbolischen Formen, der dritte versuchte eine Synthese von Klassenkampf und Genitalbefreiung, die vierte ließ die Kinderseele zu Wort kommen ..., die Angst, sich lächerlich zu machen, war diesen Pionieren noch fremd; sie hatten zudem nicht viel zu verlieren: Bis der Nationalsozialismus diese erste psychoanalytische Bewegung austrieb und zerschlug, waren ihre Agenten Außenseiter der Wahrheitsfindung und Forscher ohne Planstelle. (Was sie nicht hinderte, trotz allgemeiner Emphase eine Vereinsmeierei zu betreiben, so daß Machtspiele bis zum Ausschlußverfahren an der Tagesordnung waren.) – Daß übrigens die vorläufige Verendung der Psychoanalyse in Europa eher kläglich als heroisch verlief und man die Aufarbeitung dieser Vergangenheit dann mit kaum mehr Eifer betrieb als die deutsche Justiz die ihre, bestätigt erneut die melancholische Einsicht ihres Gründers: »... denn unser Gewissen ist nicht der unbeugsame Richter, für den die Ethiker es ausgaben, es ist in seinem Ursprung ›soziale Angst‹ und nichts anderes.«

Fetisch Objektivität

Gleichviel: Als man im Nachkriegsdeutschland wieder begann, das Denken zu etablieren, war auch die Psychoanalyse dabei. Bezüglich ihres Status (Wissenschaft oder nicht, und: Natur- oder Geisteswissenschaft?) trug man interessante Kämpfe aus – die das Etablierungsbedürfnis der Analytiker ebenso abbildeten wie deren Zweifel, ob eine restlose Akzeptanz ihrer Erkenntnis- und Wissensform ihrer unabhängigen Arbeit eigentlich zuträglich sei ... Der Fetisch Objektivität, der Erlösung auch von der verwirrenden, grausamen und schuldbeladenen Vergangenheit versprach, kontrastierte mit der Selbstbehauptung einer Erkenntnisform, die aufgrund ihrer ungemütlichen Einsichten so ganz und gar ungeeignet schien, zum Kanon des Fraglosen zu gehören. Der Psychoanalytiker stand vor der Entscheidung, ob das ärztliche Denken im Einreiher, wiewohl verführerisch erholsam und dem Selbstbewußtsein zuträglich, womöglich zum Denken in Konfektion verkommen könnte. Und die bekanntesten Köpfe der Psychoanalyse – Fromm, Marcuse, später Horst-Eberhard Richter – wirkten (meist aus dem Ausland, was nicht überrascht) mit revolutionärer Emphase auf ihre zur Etablierung neigenden Kollegen ein: »Es gibt keine bürgerliche Kultur«, stellte Professor Marcuse knapp und bösartig fest. »Jede echte bürgerliche Kultur wendet sich gegen das Bürgertum.«

Doch umsonst. Das Abgespaltene (Adler, Jung und vor allem der praktischerweise verrückt gewordene Reich) wurde nach und nach bedeutungslos oder sank in die Grube der Lächerlichkeit. Die in die Bundesrepublik zurückgekehrten Linken der Frankfurter Schule und wenige hiesige Ausnahmen schlugen sich noch wacker, mit einem kurzen Aufschwung in die Siebziger hinein, für eine auch politische Lesart der Psychoanalyse: es sei nachgerade reaktionär, war da hie und da zu hören, die an der patriarchalen Gesellschaft Erkrankten nur wieder fit zu machen für den Arbeitsmarkt, statt mit daran zu arbeiten, daß die Triebe befreit würden, die Arbeit selbstbestimmt, die Erziehung antirepressiv … In der Schweiz begründete das Analytiker-Ehepaar Goldy und Paul Parin mit Fritz Morgenthaler die Ethno-Psychoanalyse, um Anthropologie und kritische Trieblehre zu verbinden (sozusagen Feldbettforschung in den Augen der konservativ-ängstlichen Öffentlichkeit), in der Bundesrepublik trug Horst-Eberhard Richter Jeans, Engagement und Sorge von Gießen aus in die sozial schwachen Gebiete: soviel Anfang war nie wieder.

Die wenigen Gestalten, die heute noch aus der fachärztlichen Normalität herausragen (wie Thea Bauriedl und Wolfgang Schmidbauer), bestätigen durch ihre Vereinzelung den Befund: So wenig die Hals-Nasen-Ohren-Ärzte das Ozonloch (das ihnen so viele neue Patienten beschert) zum Gegenstand der öffentlichen Debatte und Empörung machen, so wenig fühlen sich die Psychoanalytiker angesprochen, wenn es um Fragen der deutschen Befindlichkeit geht. Identitätsgeschwafel der Politiker, Fremdenfeindlichkeit der Masse, Gewaltsportübungen der Wohlstandskinder und ein Bundespräsident, der leichte Schläge auf den Hinterkopf nicht nur empfing, sondern auch gern weitergibt: War da was? I wo.

Die Verbindung zwischen dem einzelnen auf der Couch und den vielen auf der Straße hat der Psychoanalyse immer schon Schwierigkeiten gemacht. Theoretische Skrupel sind angebracht und ehrenwert, weil die Gesellschaft etwas ganz anderes ist als die Summe ihrer Mitglieder; es erfordert dauernde (und prekäre) Arbeit, das Scharnier zwischen diesen beiden Elementen zu beschreiben. Aber es ist notwendig, wenn die wichtigsten Fragen der Gegenwart gelöst werden sollen: Wie entsteht das sogenannte »kognitive Defizit«, das die Bürger die Ozonbelastung hinnehmen läßt, als wär's ein Schicksal, von Gott Mars gesandt? Welche Verbindung besteht tatsächlich zwischen den Phantasieproduktionen der Unterhaltungsindustrie und der Gewaltherrschaft einzelner? Woraus speist sich die eherne Autorität von Politikern, die ihre Inkompetenz täglich unter Beweis stellen? Wie lassen sich in einer Gesellschaft, in der die Verfugungen zwischen Familie und Klasse, Selbstbewußtsein und Arbeit, Sexualität und Intimität sich auflösen oder verändern, noch Solidaritäten herstellen? (usw.)

Der Psychoanalytiker, selbst ein ums Überleben kämpfender Spezialist in der Psychotherapiebranche (wenngleich krankenscheinlich abgepolstert), hat sich einstweilen für die Abdankung von solcherart Zuständigkeiten entschieden. Bis zur Jahrtausendwende wird er entweder ein marginales Angebot im Business der Selbst-Heiler darstellen – aller Dubiositäten entkleidet, dafür aber nicht mehr als ein Angestellter seiner Zunft – oder sich seiner Mütter und Väter erinnnert haben. Und ihr gehorsam-ungehorsames Kind sein: gnadenlos und streitsüchtig, phantasievoll und unberechenbar, verspielt und größenwahnsinnig, ideenreich und klug; ein listiger Gnom, der hin und wieder die Tarnkappe des Spezialisten abnimmt, um ganz unverschämt das Allgemeine auf die Couch zu legen.

Elke Schmitter

DER FEUILLETONIST

Am Anfang war das Feuilleton. Und das Feuilleton schwebte über allem. Der Feuilletonist war der Mittler zwischen Gott und den Menschen. Er hatte den Heiligen Geist in sich und Macht über die Seelen, und Gott hatte Gefallen an ihm. Da sprach die Schlange zum Feuilletonisten: Schau doch mal hinter seinen Thron. Und der Feuilletonist schaute hinter die Politik Gottes und mischte sich ein. Da verwandelte Gott ihn in einen Unglücksraben. Aber die Krone ließ er ihm auf dem Kopf, zum Gespött oder zum Schrecken aller, ganz wie sie wollten. Gott nahm dem Feuilletonisten den Schlüssel für die Welträtsel und behielt ihn von da an für sich, aber er ließ ihm den Charme des Kommentators. So wurde er zum Chronisten der Alten Welt, verstieß und erhob, verdammte und schrieb die Legenden der Heiligen.

Die letzten weitreichenden Schriften, die wir von solchen Menschen haben, sind die vier Evangelien. Seitdem ist alles Tagesgeschäft. Nur die Deutschen, weil sie im Heiligen Römischen Reich deutscher Nation lebten, gaben dem Feuilletonisten noch einmal eine Chance. Bei den Deutschen waren die Feuilletonisten zugleich deren größte Dichter. Alles lag noch einmal in einer Hand, die Poesie, das Drama, die Aufklärung, die Kunstkritik und die Unterhaltung. Die Feuilletonisten schrieben Romane und Theaterstücke, Kritiken und Gedichte. Sie gründeten Zeitschriften, schrieben fast alle Beiträge selbst, waren ihre eigenen Verleger, Herausgeber und Finanzverwalter. Das hielt keiner von ihnen aus. Über kurz oder lang gingen sie alle bankrott.

Lessing lockte man nach Hamburg mit dem Angebot, ein Nationaltheater zu begründen, mit zu leiten, sein Hauptdichter und sein Hauskritiker zu werden. Die Sache konnte nur schiefgehen. Immerhin entstand daraus die *Hamburgische Dramaturgie*. Wieland gründete den *Teutschen Merkur* nach dem Vorbild des französischen *Mercure* und war dort Mädchen für alles. Im ersten Jahr war die Zeitschrift ein Erfolg. Nach zehn Jahren setzte er nur noch achthundert Exemplare ab. Wieland schrieb sich die Finger wund und litt. Er verdarb es sich mit Goethe, mit den Sturm-und-Drang-Dichtern, mit den Romantikern und schließlich mit seinen besten Freunden und Gönnern. Es wurde zum Abendsport in den Zirkeln junger Autoren, seine Schriften ins Kaminfeuer zu werfen. Aber obwohl alle sahen, wohin es führte, wenn man sich als Mann von Ehre dem Schreiben von Feuilletons widmete, gab es bald keinen deutschen Schriftsteller von Rang, der nicht an irgendeiner Zeitung mitwirkte. Goethe und Schiller schrieben an den *Horen*, die Schlegels am *Athenaeum*, Heine verdiente seinen Lebensunterhalt als Paris-Korrespondent für die Augsburger *Allgemeine Zeitung*. Fontane war Redakteur bei der Berliner *Kreuzzeitung* und dann Theaterrezensent für die *Vossische*, Tucholsky schrieb für die *Weltbühne*, war zeitweilig einer ihrer Herausgeber und litt furchtbar darunter, und Karl Kraus vertat seine ganze Energie an das letzte große Ein-Mann-Unternehmen, *Die Fackel*. Die meisten, die sich dem Feuilleton verschrieben, endeten in tiefer Melancholie. Die deutschen Schriftsteller aber brauchten fast zweihundert Jahre, bis sie einsahen, was für ein Fluch auf dem Feuilleton lag. Als sich die Bewohner des Parnaß aus dem Geschäft zurückzogen, blieb der moderne Feuilletonist übrig, der sich überhaupt nichts mehr traute: weder zu dichten noch zu denken, weder zu polemisieren noch sich in die Politik einzumischen.

Damit begann der Niedergang. Für den Feuilletonisten im Zeitalter Lessings lag die Wahrheit in der Dramaturgie der Fakten, solange diese selber von der Zensur tabuisiert waren. Erst die französischen Revolutionäre hoben die Fakten auf den Thron des Zeitungswesens und begründeten damit den politischen Journalismus. Marat suchte in den Fakten die Wahrheit und schrieb sich dafür in seiner Badewanne in den Tod. Er wurde zum Märtyrer und Helden. Während die Franzosen sich gegenseitig unter die Guillotine schoben, entfachten die Deutschen ein beschauliches Für und Wider. Das Feuilleton geriet ein für allemal gegenüber der Politik ins Hintertreffen. Das änderte sich auch nicht mehr, als die Revolutionäre und alle ihre politischen Nachfolger und Gegner die Lüge der Dramaturgie über die Wahrheit der Fakten stellten.

Verwalter des Leerlaufs

Beim Spiel um die Macht verlor der Feuilletonist haushoch. Von Stund an hatte er nicht nur Gott über sich, sondern auch das Politik-Ressort. Da ging der Feuilletonist auf Nummer Sicher, wurde ganz und gar zum Kunstrichter und hieb nur noch auf lebende Autoren und seinesgleichen ein. Heute, da die Fakten selber zur Lüge geworden sind, wittert er zwar Morgenluft, aber egal, was er tut, das Kainszeichen bleibt auf seiner Stirn. Früher war der Feuilletonist im besten Fall ein Verwalter des Unbehagens in der Kultur. Heute ist er ein Verwalter des Leerlaufs. Da alle wichtigen Themen unserer Zeit in anderen Ressorts verhandelt werden, bleibt ihm nur noch übrig, die Menschen ein wenig zu unterhalten. Dafür aber ist er am wenigsten geeignet. Als Clown ist er sich zu schade. Die Satire hat man ihm abgewöhnt aus Angst, er könne den Durchblick seiner Leser überfordern. Spannende Geschichten zu erzählen, hat er verlernt, und für die Kuriositäten der Welt ist ihm der Sinn abhanden gekommen. Da sich sonst niemand mehr ihrer annehmen mochte, blieb ihm die Moral.

Lob oder Verriß

Der Leser aber will von ihm lesen, was man am Abend vorher im Theater, im Konzert, in der Oper gehört oder in der Ausstellung gesehen hat, und man erwartet im Frühjahr und Herbst von ihm einen Überblick über die Neuerscheinungen, damit man sie nicht selber zu lesen braucht. Der Feuilletonist hat nur zwei Rollen. Entweder er spielt den Softie und lobt oder er spielt den Griesgram und verreißt. Niemals aber würde ihm verziehen, wenn er die Rolle wechselte. In der Welt der freundlichen Guten-Tag-Sager hat auch der Griesgram, der einzige, der noch einen letzten Funken an Unterhaltungswert besaß, ausgespielt. Der Sinn für das königliche Spiel des Verrisses geht uns verloren. Gesunde Häme entwickelt der Feuilletonist nur noch gegenüber seinesgleichen, und wir erleben neuerdings, wie er nicht mehr auf die Texte der Autoren eindrischt, sondern nur noch auf die Rezensionen seiner Kollegen.

Nein, der Feuilletonist kreist in allem, was er schreibt, nur noch um sich selbst, was wir hier beweisen. Er tut damit, was alle tun: Verlage, Autoren, Galeristen. Früher hörten wir die Feuilletonisten Günter Grass, Christa Wolf, Botho Strauss verreißen oder loben. Heute hören wir, wie sie die Verrisse oder Lobeshymnen ihrer Kollegen verreißen oder loben. Möglich, daß das ein Fortschritt ist. Wir empfinden es als Niedergang. Das Wort Feuilletonist ist zum

Schimpfwort geworden. Wir vernehmen mit Grauen, wie der eine Feuilletonist den anderen als Feuilletonisten beschimpft, und uns kommt die Idee, ob man nicht am besten angesichts solchen Nullsummenspiels den Feuilletonisten durch den dpa-Computer ersetzen sollte. Die Chefredakteure aller Gazetten würden aufatmen und die Leser würden es nicht merken.

Die schlimmste Verfallserscheinung des Feuilletons ist aber der Feuilletonchef. So sehr sich die Feuilletonisten auch untereinander streiten. Einig sind sie sich in ihrer Verachtung des Feuilletonchefs. Sein Lohn ist Undank. Da kann er sich noch so sehr mit ihnen plagen, kann sie nach Venedig, nach Cannes, nach Bayreuth, nach Salzburg, nach Paris und New York schicken. Höhnend werden sie aus ihren Strandhotels in der Redaktion anrufen, um ihn in seiner Trübsal aus der Sonne zu grüßen. Das Schicksal des Feuilletonchefs ist es, am Computer zu sitzen, sich die Haare über der Seite für den nächsten Tag zu raufen, in den Texten seiner Autoren noch einen Sinn zu finden und sie obendrein über ihre depressiven Phasen hinwegzutrösten. Dafür darf er für alles seinen Kopf hinhalten, für freche Artikel, für den Niedergang der Kunst und für die Schlechtigkeit der Welt.

Der Feuilletonchef ist nur der Verwalter des Niedergangs, wird aber dafür verantwortlich gemacht. Er ist die graue Maus im Hintergrund, ein Nobody, der über Dienstplänen hockt und von nichts eine Ahnung hat. Nicht er, die andern sind die Stars: der Literaturkritiker, der Papst werden kann, der Musikkritiker, der sich im Glanz der Festwochen sonnt, der Filmkritiker, dem alle Filmsternchen der Welt zu Füßen liegen, der Kunstkritiker, der die Bilder Unbekannter kauft – und sie dann berühmt macht. Allen jenen kann der Feuilletonchef nicht das Wasser reichen. Daraus erwächst sein Haß auf die Kultur. Er wird zum Herostraten der, wie Wieland in der Ankündigung seines *Teutschen Merkur* warnt, aus Verzweiflung die Tempel der Musen und Grazien in Brand steckt. Vor allem rächt er sich an der Welt, indem er selbst zur Feder greift. Darauf haben die Redaktionsmitglieder nur gewartet, und wie auf ein Zeichen schreien sie: Das Feuilleton ist zu langweilig! Das wiederum ist das Zeichen für den Chefredakteur, seinem Kulturchef die seidene Kordel zu senden …

Wir wenden uns ab, obwohl der Vorhang noch offen. Nein, hören wir auf, uns über den Streit der Feuilletonisten zu streiten. Machen wir das Feuilleton wieder zu dem, was es einmal war, zu einer respektablen Institution, weit davon entfernt, eine *Quantité négligeable* zu sein. Literarisieren wir das Feuilleton, und geben wir der Tatsache wieder eine Chance, daß die Wahrheit nicht in den Tatsachen liegt, sondern darin, wie wir mit ihnen umgehen. Schreiben wir nicht mehr über uns, sondern über das Leben, und vor allem: Schreiben wir so, daß uns alle zuhören. Erzählen wir so brennend wie Sheherazade, so dringend wie Johannes in der Offenbarung. Seien wir denen ein Vorbild, die wir kritisieren, und schreiben wir guten Gewissens über jede Seite des Feuilletons: Selig ist, der da liest.

Michael Winter

DER KANZLER

In den allerersten Anfängen ihrer Geschichte, als die Deutschen noch gar nicht richtig deutsch waren, hatten sie bereits ihre Kanzler. Die Verworrenheit, die allem großen Beginnen eigentümlich ist, traf diese als die einzigen an, die eine ungefähre Ahnung davon hatten, wie sich Ordnung schaffen ließe. Von heute aus gesehen, gehörte dazu wenig, aber dieses Wenige war entscheidend. Sie beherrschten es und sei es auch nur, um den eigenen Nutzen zu fördern. Sie allein nämlich waren des Lesens und Schreibens kundig, sie verstanden sich auf die Arkana der Verwaltung und der Finanzen. Daß Wissen Macht sei, war ihre Devise. Zwar hatten sie einen Chef, den Kaiser, von dem sie als Lehensträger abhängig waren. Aber in Wirklichkeit war es umgekehrt, waren sie, die Wissenden, die eigentlichen Machthaber.

Das alles ist so unvorstellbar lange her und vom Dunkel der Zeiten verschluckt, daß selbst einem Gelehrten wie Du Cange nur eine höchst windige Erklärung dazu einfiel, welchem Ursprung sich das Wort »Kanzler« verdanke. In seinem berühmten *Glossarium ad scriptores mediae et infimae latinitatis* (Paris 1678) vertritt er die Ansicht, der Begriff entstamme der Wiege aller Weisheit, dem Orient. Auf den flachen Dächern der dortigen Häuser, so Du Cange, seien Geländer angebracht gewesen, »Cancelli« geheißen. Diejenigen nun, die auf diese Dächer gestiegen seien, um Reden an die Menge zu halten, seien deshalb »Cancellari« genannt worden, wovon sich das Französische »chancelier« und das Deutsche »Kanzler« herleite.

Wir, die wir der Gnade der späten Geburt teilhaftig und

eben deshalb auch um die Erfahrung so manchen Kanzlers reicher sind, werden diese Erklärung nicht zuletzt im Lichte der tiefen Einsicht ganz plausibel finden, die uns Goethe im »Buch der Sprüche« seines *West-Östlichen Divan* übermittelt:

»Soll ich dir die Gegend zeigen,
Mußt du erst das Dach besteigen«.

Nun sind Flachdächer in unserer spitzgieblig-gotischen Lebenswelt verhältnismäßig selten, weshalb zu einschlägigen Gelegenheiten für die »Cancellari« Rednerbühnen aufgestellt werden, von denen aus man aber auch ganz schön weit sehen kann. Mancher erblickte von dort aus sogar blühende Landschaften, wo wir, die wir drunten standen, nur Wüstenei gewahrten.

Ein der damals obwaltenden Umstände wegen aber kaum zu vermeidendes Unglück wollte es jedoch, daß die ersten Kanzler der Deutschen von Beruf und Berufung nicht Historiker, sondern Geistliche waren. Dies scheint nebensächlich zu sein, ist aber in Wirklichkeit hochbedeutsam, weil nämlich sich aus jener merkwürdigen Stellung, die die Kanzler zunächst einnahmen, sich bald ein Streit entwikkelte, der sich an der für uns Heutige recht belanglosen Frage entzündete, wer das Recht habe, die Bischöfe zu ernennen und einzusetzen: der Kaiser oder der Papst?

Damals aber entschied die Antwort auf diese Frage darüber, wer die wahre Macht in einem solchen Staate innehabe. Der Streit wurde schließlich durch einen Kompromiß beigelegt, der zur Folge hatte, daß sich auf deutschem Boden eine in der Welt beispiellose staatliche Sonderform entwickelte: Das geistliche Fürstentum, dessen Inhaber eine unerhörte Machtfülle besaß, gebot er doch nicht nur über das Leben, sondern auch über das Gewissen seiner Untertanen. Was Wunder, daß drei unter ihnen als Kurfürsten zu den Mächtigsten und Rauflustigsten des Reichs gehörten und sie im übrigen in ihren Territorien den Musterentwurf für die erste weltliche Tyrannis in Deutschland schufen. Außerdem schmückten sie sich alle mit dem Titel eines Kanzlers: Der Erzbischof von Köln war Erzkanzler für Italien, der Erzbischof von Trier führte den Titel Erzkanzler für Burgund und der primus inter pares, der Erzbischof von Mainz, fungierte als Erzkanzler für das Reich.

Die feierlichen Titel und Ämter dieser drei geistlichen Kurfürsten waren schon damals im wesentlichen nur Mummenschanz, Schall und Rauch. Von einem Reich nämlich konnte zeit ihres Wirkens immer weniger die Rede sein, und weder Italien noch Burgund unterstanden noch recht der kaiserlichen Gewalt. Gleichwohl aber sind diese drei geistlichen, die zusammen mit den vier weltlichen Kurfürsten mit einfacher Mehrheit den Kaiser wählten, für unseren Zusammenhang von allergrößter Bedeutung – sie machten nämlich aus dem Verrat eine höchst erfolgreiche Methode, die sie in den Rang eines politischen Glaubensbekenntnisses erhoben: Entweder mußte der Kaiser sie für ihre Treue bezahlen, oder sie kämpften im Namen der Kirche gegen ihn. Und stets konnten diese drei geistlichen Kurfürsten den Kaiser »machen«, wenn sie nur einem einzigen der weltlichen Kurfürsten ihre Gottesfurcht einzuflößen vermochten.

Für dieses kunterbunte Treiben, das bis 1806 währte und das unter der pompösen Firma Heiliges Römisches Reich Deutscher Nation sich abspielte, mußte aber noch ein anderer, weitaus höherer Preis entrichtet werden: Das Reich zersplitterte im Laufe seines Bestehens in immer kleinere Territorien.

Stellt man sich diesen fast tausend Jahre währenden Auflösungsprozeß, dem Deutschland unterlag, vor Augen, könnte man zu dem alles in allem gar nicht leichtfertigen Schluß gelangen, daß am Unglück der Deutschen deren Kanzler keineswegs den allergeringsten Anteil hatten, zumal andere ihrem Vorbild nur zu bereitwillig folgten.

Unter den deutschen Kanzlern können wir, im Unterschied zu denen Englands, wo es Thomas Becket und Thomas Morus zur Ehre der Altäre brachten, bis heute jedoch keinen einzigen Heiligen vorweisen. Daran ändert auch jene »Zivilreligion« des Bismarck-Kultes nichts, die überall im von ihm geeinten und zur Größe geführten deutschen Vaterland zu seinen Ehren Türme und mächtige Standbilder errichtete. Gleichwohl zeigt sich darin, daß schon Bismarcks Zeitgenossen eine übertrieben hohe Meinung von seiner Leistung hatten. Mit seinem Handeln verriet Bismarck nämlich jene Tradition, der alle anderen Kanzler in Deutschland vor ihm die Treue gehalten hatten. Aber sonst war er wie diese in seinen Mitteln wenig wählerisch. Blut und Eisen zum einen, und eine ziemlich lange Latte weiterer Verrätereien zum anderen sicherten ihm seinen politischen wie pekuniären Erfolg, dessentwegen er nicht zuletzt darauf achtete, daß der Einkommensteuerspitzensatz in seinem Reich bei lediglich 4 Prozent lag.

Bismarck setzte, und das war das Unglück Deutschlands in neuester Zeit, einen Maßstab, an dem alle seine Nachfolger im Amt scheitern mußten. Sie mußten scheitern, weil auch sie sich mit dem Titel eines Reichskanzlers schmückten, dem nur *er* jenen ehernen Klang unweigerlichen Erfolgs verschafft hatte. Vollends enttäuschen mußten vor dem Erwartungshorizont, der durch die Erinnerung an Bismarck aufgespannt wurde, erst recht die Kanzler der Weimarer Republik, deren Namen und Zahl kaum einer mehr zu nennen weiß. Als Konkursverwalter gescheiterter deutscher Großmachtträume, als gedemütigte Bittsteller auf internationalen Schuldenkonferenzen, als glücklose Politiker, deren Wohl und Wehe von höchst instabilen Koalitionen abhing, mußten sie immer mehr Deutschen als traurige Karikaturen, als bloße Chargen erscheinen. Das erklärt, zu einem Teil jedenfalls, warum die Deutschen einem Hochverräter auf den Leim gingen, der ihnen ein »Tausendjähriges Reich« verhieß, der aber nur zwölf Jahre brauchte, um Deutschland in eine Schmach und Schande zu stürzen, die in tausend Jahren noch nicht vergessen sein wird.

Im Lichte der mit Hitler gemachten Erfahrungen läßt sich Goethes Versepos *Reineke Fuchs* wie ein Musterkatalog jener Eigenschaften lesen, die es braucht, um in Deutschland erfolgreich Kanzler zu sein. Der Fuchs, der in dieser Fabel als durchtrieben-grausamer Verräter und mehrfacher Mörder den Protagonisten gibt und den die gesamte Tierwelt seiner sattsam erwiesenen Verbrechen wegen beim König verklagt, entrinnt nicht nur zweimal seiner gerechten Strafe, sondern wird vom Souverän am Ende mit den Worten ins höchste Amt berufen:

»Ich werde künftig die Klagen
Über Euch weiter nicht hören. Und Ihr
sollt immer an meiner
Stelle reden und handeln
als Kanzler des Reiches.«

Nein, nach Hitler konnte auch Bismarck kein Vorbild mehr sein für die Kanzler in Deutschland. Deshalb ist es gewiß nicht das geringste Verdienst Adenauers, daß er den Begriff und die Vorstellung des Bundeskanzlers durch das Beispiel seiner Persönlichkeit zu prägen verstand. Als Patriarch, als der gewitzte »Alte«, bei dem noch manchmal etwas von der alten Ruchlosigkeit, der füchsischen Verschlagenheit durchschimmerte, die seinen großen Vorgängern eigentümlich waren, verstand er es meisterhaft dem

Amt einen neuen, in der Demokratie zumal raren Glanz zu verleihen.

Es war dies eine bedeutende, seither nicht mehr erreichte Leistung, mit der es ihm mühelos gelang, den Umstand zu überspielen, daß bereits er wie Gulliver im Reich der Liliputaner von Stricken gefesselt war, mit denen eine parlamentarische Parteien- und Verbändedemokratie, die den eigentlichen Souverän vorstellt, ihre Kanzler immer enger umgarnt. Eben darin aber liegt deren grundsätzliches Dilemma: Da ihnen die Räume zu freier politischer Gestaltung stetig stärker beschnitten werden, sind sie, zumal unter den spezifischen Zwängen einer medial vermittelten Demokratie, zur Selbstdarstellung gezwungen.

Wie sie auftreten, *wie* sie, und weniger, *was* sie reden, kurz, wie gut es ihnen gelingt, das »public image« ihrer Rolle auszufüllen, erweist sich zunehmend als entscheidend für ihren Erfolg. Willy Brandt war Willy Brandt. Helmut Schmidt dagegen verstand es meisterhaft, als »Schmidt-Schnauze« den »Eisernen Kanzler« zu geben, während sein Nachfolger im Amt, der sicherlich nicht nur aus Gründen der Alliteration zu seinem Namen einfach nur Kanzler genannt wird, den leutseligen Kumpel mimt und das Bad in der Menge mit derartigem Erfolg sucht, daß sich sogar Krämer in ganzseitigen Annoncen für seine Wiederwahl einsetzen.

Nein, wir müssen von unseren Kanzlern weder etwas Böses erwarten noch Großes erhoffen, denn sie sind nur, wie es einer von ihnen einmal charakterisierte, Leitende Angestellte der Republik. Damit wollen wir uns bescheiden eingedenk der Einsicht, die der große schwedische Kanzler Axel Graf Oxenstierna 1654 auf dem Sterbebett seinem Sohn verriet, als er ihm anvertraute: »Wenn Du wüßtest, mein Sohn, mit wieviel Dummheit die Welt regiert wird.«

Johannes Willms

DER TOD

»He that begins to live, begins to die«.
Francis Quarles (1592-1644):
Hieroglyphics of the Life of Man.

Kein Zweifel: Wir alle sind die Seinen. Was der Tod ist, haben seit je die Dichter präziser benannt als Ärzte, Philosophen oder Wissenschaftler. Kingsley Amis beispielsweise verdanken wir mit »Delivery Guaranteed« ein ebenso sarkastisches wie der Dienstleistungsgesellschaft, in der wir leben, angemessenes Poem zum Thema:

Death has got something to be said for it:
There's no need to get out of bed for it;
Wherever you may be,
They bring it to you, free.

Dennoch gilt der Tod als das *Tabu* unserer Zeit, was gleichwohl aber nichts daran hindert, daß ihm ein verstohlenes, wenn nicht geradezu makabres Interesse entgegengebracht wird.

Die Tabuisierung des Todes ist ein Phänomen der modernen Industriegesellschaft. Der englische Soziologe Geoffrey Gorer hat aufgezeigt, daß in dem Maße, wie die Gesellschaft das einst über die Sexualität verhängte Tabu aufhob, sie gleichzeitig die Allgegenwärtigkeit des Todes aus ihrem Bewußtsein zu verbannen suchte und dies in der vergeblichen Absicht, sich das Glück zu bewahren. Aids hat diese Illusion gründlich zunichte gemacht. Gleichwohl ist der Tod weiterhin mit einem Tabu belegt, der Aids-Tod zumal.

Das verstärkt die Tendenz, daß heute im Unterschied zu früher nicht mehr der je eigene Tod, sondern das Sterben des anderen zu einem Dilemma geworden ist.

Ursächlich für dieses Dilemma ist zum einen der radikale Wandel gesellschaftlicher Anschauungen. Insbesondere das rapide Schwinden einer auf jenseitige Tröstungen gerichteten religiösen Glaubensgewißheit in einer Gesellschaft, die von der beliebigen Herstellbarkeit und Verfügbarkeit individuellen Glücks durchdrungen ist, läßt sich hier nennen. Zum anderen sind es die Fortschritte der medizinisch-therapeutischen Vorsorge, die immer mehr Menschen eine immer größere Lebenserwartung ermöglichen und die damit den Tod hinter einen biographisch nicht mehr einholbaren Horizont verbannen.

Der Preis jedoch, den viele Alte dafür entrichten müssen, besteht in ihrer sozialen Marginalisierung: In die mit Geranien und wohlklingenden Namen geschmückten »Seniorenresidenzen« abgeschoben, leben sie nur zu häufig in einem Ghetto, aus dem es kein Entrinnen mehr gibt. Für eine Gesellschaft, die dem Motto »forever young« lebt, haben diese ihrer Prospektform nach idyllischen Wartesäle des Todes den unabweisbaren Nutzen, daß sie das Dilemma des Sterbens, das hier mit dem des Alt- und Siechwerdens überblendet wird, nicht zu gewahren braucht.

Der Hilflosigkeit gegenüber dem Dilemma, das sich mit dem Sterben des anderen einstellt, verdankt sich eine fragwürdige Ethik. Sie liefert die Legitimation dafür, daß selbst in absehbar aussichtslosen Fällen so gut wie keine technisch mögliche Lebensverlängerung ausgelassen wird. Im Namen der Würde des Lebens verweigert diese Ethik dem Sterben jegliche Würde. Damit verstrickt sie sich in eine Aporie, die sich nur derart deuten läßt, daß der Tod heute irgendwie fragwürdig, wenn nicht gar anstößig geworden ist.

Darum wird heute vorzugsweise im Krankenhaus gestorben. Man stirbt im Krankenhaus, weil einem hier eine Betreuung zuteil wird, die zu Hause nicht mehr gewährleistet ist. Der Begriff der »Sterbeklinik« ratifiziert diese Entwicklung. In einem solchen Institut ist der Tod zu einem rein technischen Phänomen verkommen: Das Sterben der häufig schon lange bewußtlosen Kranken wird hier in eine ganze Serie kleiner Teilphasen zerstückelt, von denen sich nicht sagen läßt, welche denn nun den wirklichen Tod bedeutete: der Eintritt des Komas oder der letzte Atemzug.

Diese Praxis hat nichts weniger als die Enteignung des eigenen Todes zur Folge. Eben darin aber ist der Kern des Dilemmas zu bestimmen: Die Wahrheit des Todes gilt es heute unter allen Umständen zu leugnen, damit sie nicht die Illusion vom glücklichen Leben stört. Dahinter verbirgt sich die Paradoxie eines Verlangens, das Thomas H. Macho einmal so formulierte: »Wir wollen nicht sterben – und haben doch keine Hoffnung auf Unsterblichkeit.«

Die Wechsel des Säkularisationsgewinns, mit denen wir unser Leben bestritten, gehen, wenn es zum Sterben kommt, zu Protest. Ohne die Hoffnung auf Fegefeuer und Unsterblichkeit, auf ein Nirwana, läßt sich das Sterben nicht erlernen, ist und bleibt der Tod ein Skandal. Eben darin aber scheint als Reflex auf, daß sich der eigene Tod unserer Einbildungskraft entzieht. Sigmund Freud hat diese Not zutreffend benannt: »Der eigene Tod ist (...) unvorstellbar, und so oft wir den Versuch dazu machen, können wir bemerken, daß wir eigentlich als Zuschauer weiter dabeibleiben.«

Versagt bleibt uns aber auch jener ironische Stoizismus, mit dem Sokrates seine Freiheit als Bürger und Mensch im Angesicht des Todes unter Beweis stellte: »Es ist nun Zeit, daß wir gehen, ich, um zu sterben, ihr, um zu leben. Wer aber von uns beiden zu dem besseren Geschäft hingehe, das ist allen verborgen.«

Sokrates war sich seines Todes bewußt, war ihm dieser doch als Strafe verhängt worden. Er aber hatte sich entschlossen, der Vollstreckung dieses Urteils durch Selbsttötung zuvorzukommen. Sein Fall mag also als Ausnahme gelten. Gleichwohl scheint es in früheren, in vormodernen Zeiten die Regel gewesen zu sein, daß die Menschen eine untrügliche Vorahnung ihres nahen Endes überkam. Im Roman *Tristan et Iseult* beispielsweise heißt es: Tristan »fühlte, daß sein Leben dahinschwand, er verstand, daß er werde sterben müssen«. Man starb nicht, ohne die Zeit gehabt zu haben, sein Leben abzuschließen und sich mit dem eigenen Sterben vertraut zu machen.

Das war der »gezähmte Tod« (Philippe Ariès), dem man mit Fassung und den Tröstungen der Kirche versehen entgegensah. Gefürchtet hingegen war damals der plötzliche, der schreckliche, der »wilde« Tod; jener, der einem keine Frist mehr ließ, der einen ohne jede Vorwarnung überfiel und fällte, der Pesttod etwa oder der jähe Tod in der Schlacht.

Heute ist jeder Tod »wild«. Wie ihn aber »zähmen«? Was also tun, zumal sich die Gewißheit, daß es einem jeden bestimmt ist, einmal sterben zu müssen, nicht glaubhaft eskamotieren läßt? Der alte Traum, möglichst ohne Schmerzen und unnötige Leiden die Schwelle vom Leben zum Tod zu überschreiten, ist heute beim »Normaltod« in der Klinik erfüllbar. Folglich gilt es, jenes Tabu, das die moderne Gesellschaft über den Tod verhängt hat, zu beseitigen, zu versuchen, dem Dilemma beizukommen, das einen beim Sterben des anderen befällt.

Vielleicht wäre es hilfreich, das Sterben und eben nicht

nur die Bestattung in ein Ritual einzubinden, den »Normaltod« aus der Weltabgeschiedenheit der Intensivstationen ins Leben der anderen zurückzuholen. Kurz, dem Sterben wieder die Würde der großen Szene zu geben, wie dies noch im 19. Jahrhundert gang und gäbe war. Nein, der Tod ist nicht zu erlernen. Aber beim Sterben eines anderen zugegen zu sein, schafft eine Vertrautheit, die einen möglicherweise das Risiko eingehen läßt, den eigenen Tod leichter zu akzeptieren.

Johannes Willms

DER AUTOR

Wahrlich, merkwürdige Subjekte sind die großen Autoren, denkt sich die Redakteuse. Natürlich ist ihr Blick getrübt, sind ihre Wahrnehmungen parteiisch. Aber so ist es in Lebensabschnittspartnerschaften, und um solche (inkl. Brief und Siegel und Vertrag) handelt es sich hier. Partnerschaften zwischen Redaktion und Schreibern, die ganz wunderbar sein können, häufig jedoch zur sperrigen Beziehungskiste mit der Aufschrift »curiosa, psychologica et pecunia« verwildern. Greifen wir in den Erfahrungsschatz.

Da gibt es den Freudenspender, der der überraschten Redakteuse echtes madagassisches Bier kredenzt. Ein Mitbringsel nur für sie. Im Briefchen, das auf dieses Geschenk folgt, erkundigt sich der Autor nach der Güte des Hefetrunks, ganz beiläufig liegen alle seine Taxiquittungen des letzten halben Jahres, die nun wahrlich nichts mit dem erteilten Auftrag zu tun haben, dabei – nach dem süffigen Prinzip: ein Glas füllt das andere.

Da gibt es den Abtrünnigen, der der Verführung durchs Fernsehen widerstandslos erliegt. »Tja«, entschuldigt sich der Schriftsteller mit matter Stimme, »da kam eben das Fernsehen, und die wollten etwas von mir, und Sie wissen ja, wer liest heute noch …« »Verräter, bleib bei deinem PC!«, ruft man dem Überläufer in die Welt der televisionären Bilder nach, doch da ist er schon eifrig strampelnd in der Bildröhre verschwunden. – Der Hilflose. Er ist überzeugter Satanist und will ganz teuflisches Zeug zu Papier bringen, nur die Schreibmaschine klemmt, die Heizung funktioniert nicht. Die Redakteuse muß dem jammernden Vertreter dunkler Mächte Lebenshilfe leisten, und fragt sich insgeheim, ob Satanismus nicht nur ein Synonym für Schlampigkeit sei.

Am amüsantesten ist der Charmeur. In verführerischstem Wienerisch versucht er, die Reisekosten für einen ganzen Troß zu erplaudern: »Wenn Sie mich nach Italien schikken wollen, sehr gern, aber ich kann nicht Auto fahren, also muß mein Freundin mit, die kann's nämlich, und wir beide können kein Italienisch, aber die Freundin meiner Freundin ist Italienischlehrerin, und die würde auch mitkommen ...«

Am liebsten würde ich mich als Wasserträgerin andienen, so liebenswürdig ist dieser Autor, und so lustig verspricht die Reise zu werden. »Aber mit Vergnügen«, entgegnet der weltgewandte Lebemann, »kommen S' doch«, und dann läßt er sich augenzwinkernd in seinen Ansprüchen runterhandeln. Das ist wie das Spiel zweier Bazaris, man feilscht, man überbietet sich an Forderungen und Großzügigkeiten, bis man bei dem Honorar gelandet ist, mit dem beide Seiten leben können.

Autoren sind liebenswerte Subjekte, und so überaus menschlich. Richtig befremdlich wird ein Autor erst, wenn sein Name für steil erhöhten Marktwert steht, vor dem er selber in bewundernder Habtachtstellung erstarrt. Da wird dann jeder Pfennig Honorar mehr oder weniger zu einer Frage von Sein oder Nichtsein, zu einem Problem der Identität, und die Höhe der Spesen zu einer Frage des Wertgefühls.

Ganz und gar befremdlich wird der Schreiber, wenn er dazu noch einem undurchsichtigen Vorzimmerregiment unterliegt. Zum Beispiel der Salonphilosoph: Die Redakteuse schreibt ihm einen Brief, erklärt ihr Anliegen und warum sie gerade bei diesem Artikel an ihn gedacht habe. Sie bittet ihn, sich zu melden. Es ruft eine Frau zurück, die erklärt, daß sie die Interessen des Autors vertrete, man also mit ihr zu reden habe. Aber damit alles sonnenklar sei, Herr X tue es nicht unter DM 5000,– und einem 5-Sterne-Hotel, und Herr X reise auch nicht ohne Frau und Kind.

Familiäre Geschäftshilfe

Klare Worte verdienen klare Antworten. Die Redaktion legt ihre Möglichkeiten offen und nach einigem Hin und Her ist man sich – vorübergehend – handelseinig. Herr X sei einverstanden, verlautbart die Interessenwahrerin. Tags drauf ist es mit der Einigkeit schon wieder vorbei. Der Termin müsse um drei Tage verschoben werden, läßt Frau Y wissen. Das Redaktionssekretariat rudert wild, um wiederum ein adäquates Hotel zu finden. Aber zu dem Termin ist nur noch ein einziges Hotelzimmer zu bekommen, und zwar eins der Mittelklasse.

»Notfalls gehe auch das«, läßt die Vertreterin von Herrn X wissen, »wenn das Baby von Herrn X dieses Wochenende allein bei den Großeltern übersteht. Dann würden Herr X und seine Frau das Wochenende drauf das Mittelklassehotel beziehen. Wenn nun aber das Baby es bei den Großeltern nicht so toll findet, wenn es sich einsam fühlen sollte oder gar schreit, dann müßten wir es auf die Reise mitnehmen und dann bräuchten Herr X und Familie eine großzügige Suite.«

Wie? Wer muß jetzt das Baby mitnehmen, »wir« oder Herr X und seine Frau? O Sankt Antonius, Patron der Familien und Hüter der Frauen mit Doppelnamen, die je nach Situation einen Teil des Namens weglassen und sich somit von Ehefrauen in unerkannte, aber geschäftstüchtige Agentinnen ihres Mannes verwandeln! Und geht's nun um den

Auftrag oder um den luxuriösen, bezahlten Familienausflug? Irgendwie wird es zu kompliziert mit dieser Einheit von Arbeit und Leben, werden die Untiefen dieses Kleinfamilienbetriebs zu groß. Und wurde eigentlich je über das Thema geredet? Mit einem »Hochachtungsvoll« trennen sich die Wege.

Autoren waren schon immer Wesen, die mit ausgesuchter Delikatesse behandelt werden wollen. Goethe beschenkte man am besten mit italienischen Majolika-Tellern, um ihn in kreative Laune zu versetzen. E.T.A. Hoffmann mit Wein und davon möglichst viel, und Gottfried August Bürger war ein Kapaun gerade recht. Wie haben sich die Zeiten geändert! Würde man heute einen berühmten Autor statt mit drei Michelin-Sternen mit drei Kapaunen bedenken, er würde einen Koller kriegen!

Die neuen Marktwertritter wie jener Herr X kommen häufig aus der ehemaligen Linken und sind von der radikalen Kapitalismuskritik direkt auf die radikale Wertschöpfung umgestiegen nach dem Muster: Wir haben die freie Marktwirtschaft schon damals durchschaut und wir durchschauen sie auch heute, nur endlich zu unseren Gunsten. Nach Jahren der Verneinung und Verachtung der Geldgesellschaft werfen sie sich ihr mit einem erlösten »Ich auch« in die Arme. Das ist in Ordnung. Mit Idealen stopft man keine hungrigen Mäuler, und irgendwann hängt auch der revolutionärste Parka plattgepreßt als nostalgisches Photo an der Wohnzimmerwand.

Weniger schön ist, daß die einstige Verachtung des Kapitals inzwischen nur noch die altehrwürdigen unternehmerischen Tugenden, die den Umgang mit dem schnöden Mammon erträglich machen, trifft, nämlich das Gefühl für Verhältnismäßigkeit, Vertragstreue und Höflichkeit. Wenn man mit geschriebenen Worten schon nichts bewirken kann, wie bekannte Feuilletonisten in den letzten Jahren nicht müde wurden zu verkünden, dann wird die persönliche Anerkennung, die gesellschaftliche Bedeutung eben am erzielten Marktwert abgelesen. »Sag mir, wie hoch Dein Spesensatz ist, und ich sage Dir, wieviel Du wert bist« – Tautologien sind immer die sicherste Form der Wahrheit.

Vielleicht erklären sich so der Verlust des Maßes und des Gefühls für Proportionen bei vielen und vor allem der völlige Mangel an Selbstironie. Schließlich wollen doch alle Bedeutungsträger sein und zu ein und derselben Elite gehören, oder? Und woran erkennt der Mitmensch einen so Ausgezeichneten? Wenn an nichts anderem, dann mit Sicherheit doch zumindest daran, daß er es unter einem 5-Sterne-Hotel nicht mehr tut. Dabei ist es wie bei den Markenturnschuhen, die gerade »in« sind: das Image steigt, der Preis auch, aber der Wert hält nicht immer Schritt.

Elisabeth Kiderlen

DAS CHRISTKIND

Geben wir es ruhig zu. Wir Protestanten, besonders aus dem Norden und Osten Deutschlands, glauben trotz der Jahrhunderte der Aufklärung immer noch verstohlen daran, bei den Katholiken gehe die Post ab. Der Geist heidnischer Fruchtbarkeitsriten und katakombischer Traditionen aus römischer Zeit steige mit dem Weihrauch in ihren Seelen und wühle aus der Grundsuppe einer an der Oberfläche zivilisierten Frömmigkeit die Brunst, die sich als Inbrunst tarne, und mit Schaudern hören wir sie in der Christnacht draußen durch den Wald zur Mitternachtsmesse stapfen. Wir aber sitzen unter der Lampe, und nur, um es uns noch einmal schwarz auf weiß bestätigen zu lassen, suchen wir bei Chrysostomus die Stelle, wo er behauptet, in der Christnacht werde alles Wasser zu Wein, wohl wissend, daß der Doktor Luther gesagt hat: »Der Chrysostomus ist ein Wäscher.«

Ja, das Saufen an Weihnachten. Wir nehmen einen Schluck aus der Wasserleitung und vertreiben uns die Wartezeit, indem wir in den Theologika unserer Bibliothek stöbern. Der Jesuitenpater des Vignoles wies 1722 nach, daß man die Geburt Christi am 20. Mai feiern müsse. Auf der Insel Suqutra am Horn von Afrika sei Weihnachten und Ostern auf einen Tag gefallen und dieses Doppelfest sechzig Tage lang begangen worden. Der 25. Dezember aber sei von den Christen nur deshalb zu Christi Geburtstag erklärt und als heiliger Feiertag begangen worden, um den Nachfahren der ungläubigen Römer das Hauptfest ihres Kalenders, nämlich die Saturnalien, auszutreiben, die sie mit schauderhaftem Mummenschanz und seit Neros Zeiten mit sündigen Tändeleien, Saturnalgeschenken und verruchtem Treiben feierten.

Wir aber sind Asketen und Puritaner reinen Herzens, haben nichts zu tun mit den schwarzen Kulten der Heiden oder dem Gepränge der römischen Religion. Wir warten auf das Christkind, ein reines protestantisches Wesen, das nichts zu tun hat mit den ruppigen Bartträgern, den Nikoläusen und Ruprechts mit Sack und Rute, auch nichts mit den brünstigen Männern in Bären- und Elchsgestalt oder Werwölfen, die in den nordischen Sonnenwendnächten den Mädchen an die Wäsche gingen, nichts mit dem Fliegen der Hera und Holda, nichts mit dem Vollbauchs- und Dickbauchsabend, nichts mit dem Schießen in die Bäume und über die Saaten, nichts mit dem Abwehrläuten und dem wilden Jäger, der einem seine drei Hunde durch die geschlossene Tür hetzt, wenn man nicht aufpaßt.

Wir warten auf das Christkind, und da uns für dieses Jahr verheißen ward, daß wir ihm tatsächlich begegnen würden, sitzen wir im Dinnerjacket vor dem Weihnachtsbaum. Natürlich übergehen wir jene freche Broschüre vom letzten Jahr, die irgendwo quer ins Regal gedrückt ist und in der behauptet wurde, das Christkind sei nichts als ein Retortenbaby. Wir sind Protestanten und halten uns an die Wahrheit. Mit dem Jesusknaben aus dem Stall zu Bethlehem hat unser Christkind nichts zu tun. Der machte einst bis ins 15. Jahrhundert als Holzpuppe in den Nonnenklöstern die Runde und ließ sich von den Insassinnen wiegen und an ihre sonst nicht weiter beachteten Brüste setzen. Den katholischen Frauenphantasien stellten wir Protestanten, kaum daß der Doktor Luther seine Augen schloß, eine Männerphantasie entgegen.

Unser Christkind ist ein junges Mädchen aus dem Elsaß, das um das Jahr 1560 in einem weißen Leinenkleidchen und mit einer goldenen Papierkrone auf dem Kopf dort auftauchte und den katholischen Nikolaus als Gabenbringer verdrängte. Die protestantische Oberschicht in den Städten verlegte die Bescherung der Kinder vom Nikolaustag auf den Heiligen Abend und machte den Christusknaben zum Mädchen. Auch wenn die aufklärerischen Lexika dagegen wettern und alles als verwerflichen Mummenschanz verdammen, wir übergehen diese Enzyklopädien und halten fest an unserem Traum von der holden Weihnachtsmaid.

Wir knöpfen das Dinnerjacket auf, das vom Gänsebraten ein wenig über dem Bauch spannt und halten noch mal das Weinglas unter die Wasserleitung. Uns ist egal, welche Kobolde auf dem Dachfirst reiten, und die Plumpsgeräusche im Kamin lassen uns kalt. Unseren langbeinigen blonden Engel in kurzem Röckchen und hohen weißen Stiefeln erwarten wir aus der Richtung des Fahrstuhls. Die Fährten wurden bereits am verkaufsoffenen Vormittag gelegt, bedeutsame Blicke mit den Wesen getauscht, die in Frage kommen würden. Den heiligen Johannas der Konsumwelt wurden Zeichen hinterlassen. Das blonde Engelchen in der Parfümerie haben wir in ein Gespräch verwickelt, in dem wir unsere Einsamkeit am Abend anzeigten, und nach dem Kauf kostspieligster Düfte haben wir ihm ganz nebenbei unsere Visitenkarte in die Kitteltasche gesteckt. Neben dem Weihnachtsmarkt saß eines jener evangelischen Girls in Springerstiefeln auf der Kühlerhaube eines Porsche, und wir kauften ihm nicht nur ein Los ab, das sich als Niete erwies, sondern schenkten ihm auch bewundernde Blicke und unsere Visitenkarte.

Mit dem Leinenkleidchen ist es längst vorbei, und die Papierkrone ist dem echten Diadem von Cartier gewichen. Für Äpfel und Nüsse oder für den Weihnachtsstriezel, gebacken fürs Gesinde, haben wir den Sinn verloren. Unsere

Konsumfee sollte schon mit einer Silvesterkreuzfahrt in die Karibik für Singles aufwarten und am besten gleich mitkommen. Ach, du evangelisches Blondchen vom Typ Jenny Event, Christmas event, du Ereignis, du Beschützerin aller Handelsketten vor der Umsatzeinbuße, wann machst du endlich den Laden dicht und kommst her zu einem Tanz unterm Weihnachtsbaum, während draußen die Katholiken … Da fährt uns von der Kirche gegenüber das Schreckläuten in die Glieder. »Du aber gehest den Weg Kains und fällest in den Irrthum des Balaams, um Genuß willen.« Wir denken an den Priester mit Namen Rupertus oder Ruprecht, der im Jahr 1023 im Sächsischen zur Christnacht die heilige Christmesse gehalten. Dabei fühlte er sich durch das Lärmen von einigen jungen Burschen und Weibspersonen, worunter auch seine Nichte, die auf dem Kirchhof tanzten und weltliche Lieder dazu sangen, gestört. Er ging hinaus und verfluchte sie, das ganze Jahr so tanzen zu müssen, und sein Fluch wurde erhört. Die Armen hätten ernstlich die Erde bis an die Knie, hernach bis an die Hüften eingetanzt, bis sie der Erzbischof von Köln durch Abgeordnete vom Fluch habe lossprechen lassen.

O schöne Spukzeit!

Dennoch: Wenn jetzt das Christkind hereinkommt, werden wir, nachdem wir noch einmal gemeinsam die Gläser unter die Wasserleitung gehalten haben, uns bis zu den Hüften eintanzen. O Sol invictus! O schöne Spukzeit! Da schrekken uns die Gebrüder Grimm aus unseren Träumen. Das Christkind sei ein Neutrum! Wir beruhigen uns zuerst mit der Annahme, die Grimms seien Katholiken. Unsere Bibliotheka theologika bestätigt: Im Norden ist das Christkind ein Knabe. Wie gut, daß wir im Süden wohnen. Wir gehen noch mal an den Hahn. Wenn die Stadtverwaltung nur einen Rest von Pietät besäße, würde sie wenigstens Bier beimischen.

Die Mitternachtsmesse ist vorbei. Wir hören die Katholiken zurückstapfen durch den Englischen Garten, und es klingt nicht, als seien die Tritte von Saturnalien schlapp. Und wir? Nein, nein, wir erwarten nur einen Menschen, der uns eine Stille Nacht lang aus unserem Single-Dasein erlöst, aus der gepriesenen konsumkonformen Existenz. Die Dame von »Le Temps Chanel« auf Seite neununddreißig schaut uns an, den Kopf in die Hände geschmiegt, die das blonde Seitenhaar verdecken. Aus ihren Augen spricht die Neugier auf uns. Die Neugier etwa der armen Mädchen aus dem Elsaß im langen weißen Gewand, die uns mit der Pappkrone auf dem Kopf aus der uralten Zeit anschauen. Wohl eher die Neugier auf unser Portemonnaie. Wir stellen uns vor, wie sie die Augen aufreißt, wenn es zu bleibt, und wir hören schon, wie das Schreckläuten aus den Warenhäusern die Kirchenglocken übertönt. Von alters her liefen in der Nacht zum 25. Dezember, die einst die Neujahrsnacht war, die Trolle durchs Haus, erheischten Geschenke und das Raubrecht. Das Christkind hat sie vertrieben. Aber wer vertrieb das Christkind?

Wir hängen das Dinnerjacket in die Plastikhülle zurück und denken an das blonde Mädchen aus dem Elsaß, an das aus der Parfümerie und an das auf dem Porsche. Wir schalten die Lichterkette am Weihnachtsbaum aus und begeben uns zum PC. Auf dem Monitor erscheint ein blonder Engel, den wir seit langem als Claudia Schiffer deuten. »Follow me to the next level«, sagt das Christkind, während es draußen zu schneien beginnt.

Michael Winter

DER ZAR

Unter den gekrönten Häuptern hat er seinen Platz fraglos ganz oben, einzig den Kalifen, den Sohn des Himmels und den Schahinschah als Konkurrenz. Vielleicht würde er noch Nebukadnezar und den einen oder anderen Pharao neben sich dulden, doch die sind ja schon lange tot. Er aber lebt – siebzig Jahre, nachdem eine kleingläubige Welt ihn für tot erklärt hatte.

Nur milde Verachtung hat er, falls er sie denn überhaupt wahrnimmt, für die Könige des Westens übrig. Schwächlinge allesamt und – *mon Dieu!* – demokratisch. Mehr oder minder freiwillig haben sie sich in mörderische Abhängigkeiten begeben, sich hier zu einer Magna Charta breitschlagen lassen, dort Gedankenfreiheit gewährt oder gar huldvoll eine Verfassung erlassen. Gekrönte Opfer des jeweiligen Zeitgeistes sind sie geworden, die Habsburger und die Tudors, die Kapetinger und Hohenzollern. Unwürdig sind sie ihrer Throne, denn kleinlich teilen müssen sie ihre Macht mit Bischöfen und Baronen, mit Patriziern und Parlamentariern.

Seine Macht indes ist ungeteilt, schrankenlos ist seine Herrschaft, seine Gewalt unumschränkt, seine Willkür ohne Maß. Er ist der letzte reine Autokrat, der Erbe Neros und Byzanz' – Nachfahre beider Roms genauso wie des großen Dschingis-Khan, dem man eine aufgeklärte Herrschaft auch nicht nachsagen konnte. Damit sie ihn auch recht verstehen, hat er seinen Untertanen den griechischen *autokrator* in die Muttersprache übersetzt: Er ist der *samodjerschez*, der Selbstherrscher, und nur sein Wille geschieht, wenn schon nicht im Himmel, so doch auf Erden. Verwandt fühlt er sich nur einem, dem Allerhöchsten, zu dessen Gesalbtem er bei der Krönung wird: »Der Natur nach ist der Zar allen Menschen ähnlich«, schrieb Vater Sanin, der erste Abt des Klosters Wolokolamsk, »der Gewalt nach aber ist er ähnlich dem höchsten Gott.« Sein Wille geschehe, damals wie heute: »Nach der russischen Verfassung kann nur Gott mich absetzen«, sprach Boris, der zweite Zar der Russen dieses Namens, vor laufenden Fernsehkameras.

Es gibt Bürgerkönige und konstitutionelle Monarchen, *good queen Bess* und auf dem Wittelsbacher-Thron gar einen Millibauern. Und dann gibt es noch eine schrecklich nette Familie, die Windsors. Aber einen Bürger-Zaren? Einen konstitutionellen Selbstherrscher und Imperator? Firlefanz! Der Zar herrscht absolut, unaufgeklärt, allein und damit basta. (Kein Zufall also, dies nur nebenbei bemerkt, daß es den Zaren außerhalb der Staatsgeschäfte nur noch in der Mode und der Presse gibt.) Schon Iwan, den sie den Schrecklichen nannten, fragte – freilich rein rhetorisch –, ob der »Zar nur Vorsitzender sein und bloß äußere Ehre genießen« solle, und Boris, den sie den Demokraten nannten, beantwortete die Frage mit nein.

Ein Zar kennt nur sich und Gott in dieser und der nächsten Welt. Selbst ein Herrscher wie Ludwig XIV. erscheint ihm als frivoler, liberaler Freigeist, und Deutschlands Wilhelme muten gar wie sozialrevolutionäre Umstürzler an. Der Zar indes ist immun gegen jedwede liberale Versuchung, nicht angekränkelt von flatterhaften politischen Moden: Das allgemeine Stimmrecht? »Ein verhängnisvoller Irrtum, einer der allermerkwürdigsten in der Geschichte der Menschheit.« Das Parlament? »Eine Einrichtung zur Befriedigung des persönlichen Ehrgeizes, der Eitelkeit und der persönlichen Interessen der Abgeordneten.« Die

Presse? »Eine der allertrügerischsten Einrichtungen unserer Zeit.«

Goldene Worte, all jenen Anarchisten auf dem rechten Flügel der Union ins Stammbuch geschrieben, die sich schon für Reaktionäre halten, weil sie der Pflegeversicherung zwei Urlaubstage opfern wollen. Diese Worte stammen von einem echten Reaktionär: Konstantin Petrowitsch Pobedonoszew, der leider nie selbst Zar war, obwohl er die theoretischen Grundlagen der Autokratie besser kannte als jeder Selbstherrscher. Der Einser-Jurist (sie begegnen uns doch immer und überall) war kein Mann, der sich von politischen Eintagsfliegen wie der Volkssouveränität oder den Menschenrechten beirren ließ. Pobedonoszew, den das republikanische Pack seiner Tage als russischen Mephistopheles schmähte, war immer bereit, die Streben im Korsett der Autokratie zu stärken, wenn ein Zar Anwandlungen von Schwäche zeigte.

Väterchen im Kreml

Ein Zar aber hat stark zu sein, und gut ist er schon gar nicht. Deshalb ist er auch nicht demokratisch. Das muß er nicht sein, weil er dem Volk etwas viel Besseres ist: ein Vater, der – politisch total inkorrekt – seinen verstockten Kindern mit Faust, Knute und Nagaika den richtigen Weg weist. Sie danken es dem Väterchen im Kreml mit Unterwürfigkeit und Gehorsam. Eine, wenn schon nicht glückliche, so doch starke Familie, die es mit jedem Nachbarn aufnimmt. »Zarenmacht«, so wußte schon der Baron de Custine, »Zarenmacht belebt Steine, indem sie Menschen tötet.«

Herr ist er über Leben und Tod. Sein Arm ist mächtig, und er reicht weit. Erzittern läßt er seine Gegner, in Kasan und auch in Grosny. Die Muslimen-Hauptstadt an der Wolga ließ der Zar belagern und von allen Seiten in Brand schießen, bevor er sie nahm und unter ihren Bewohnern ein Blutbad anrichtete. Der Herrscher war kein herzloses Monstrum: »Es sind zwar keine Christen«, stieß er unter Tränen hervor, »aber immerhin Menschen«. Die Muslim-Metropole im Kaukasus ließ er aus der Luft und von Artillerie bombardieren, bevor er die Erstürmung wagte – allein, er war kein Unmensch: Der Krieg, ließ er verlauten, richte sich gegen bewaffnete Banditen, nicht gegen die Menschen.

Der Zar, und nur er allein, gibt, und der Zar nimmt, was er gegeben: Länder und Titel, Dörfer voll mit Bauernseelen, Dienstvillen und Tschaika-Limousinen. Gnädig akzeptiert er, was sein Volk ihm darbringt: Ausdrücklich dankte Nikolai II. den Untertanen für ihren Enthusiasmus anläßlich seiner Krönung. Eintausendzweihundertzweiundachtzig Menschen hatten sich auf dem Moskauer Chodynka-Feld begeistert zu Tode trampeln lassen. Derb und bodenständig ist sein Humor: »Mönche sind Engel, und Engel sollen fliegen«, sagte Iwan der Schreckliche, als er einen ins Kloster eingetretenen Bojaren auf ein Pulverfaß binden und die Lunte anzünden ließ. Aus dem Dunkel der Dummheit will der stets Wißbegierige sein Volk befreien: Als sie sich am Seziertisch des Leydener Anatomen Boerhave ekelten, befahl Peter der Große seinen Leuten, die Muskeln der Leiche mit den Zähnen auszureißen. Des Zaren ist die Macht, und die Kraft, und die Herrlichkeit wenigstens auf dem von ihm kontrollierten Teil des Erdenrunds.

Doch in den Reichen der untergehenden Sonne, bei den dünnblütigen Monarchen und bürgerlichen Demokraten, war das Bild vom gestrengen Alleinherrscher verblaßt. Der Zar mutierte zum wodkaseligen Operettenhelden, dessen Soldaten einsam am Wolgastrand stehen und Kalinka singen. Er hatte nicht mehr die Physiognomie von Eisensteins Iwan, sondern nahm allmählich die Züge von Rudolf Schock oder Maximilian Schell an.

Nach sieben Jahrzehnten Herrschaft des Pöbels (der dankenswerterweise die Grundlagen der Autokratie nicht antastete) schickte sich indes abermals ein Selbstberufener aus dem einfachen Volk an, nach der Allmacht des Selbstherrschers zu greifen. Das ist nicht neu in Rußlands tausendjähriger Geschichte, denn ein Zar muß keineswegs von königlichem Geblüt sein. Machtbesessenheit, Verschlagenheit und Skrupellosigkeit tun es auch. Wenn der Strauchdieb Grischka Otrepjew und die Bauerstochter Martha Skavronska den Einzug in den Kreml geschafft haben, warum nicht Borja, der Bauarbeitersohn aus Butka? Schließlich ist der russische Thron, wie der neapolitanische Prinz Francesco Caracciolo schon vor zweihundert Jahren klarsichtig erkannt hat, »weder hereditiv noch elektiv, sondern okkupativ« – wer den Mut hat, sich draufzusetzen, der besetzt und besitzt ihn. Vermutlich ist dies das anarchische Element der Autokratie – sie ist offen für jedermann.

So brach denn die Welt vor wenigen Jahren in ungestümen Jubel aus: »Rußland hat wieder einen Zaren« – und dachte dabei an Serge Jaroff oder Iwan Rebroff. Aber die Operettenseligkeit trübte den Blick auf Physiognomie und Charakter des neuen Herrschers: »Ein Mann mit einem Gesicht wie Rußland – bäuerlich, knorrig, schwermütig, offen, ehrlich. Ein bißchen Vater, ein bißchen Herrscher.« Doch irgendwann ließ sich nicht länger verdrängen, daß da – *Adieu*, Boris, *bonjour* Imperator – ein gestrenger Herr am Werke war. Flugs wurde eine kosmetische Operation ersonnen: »Nach zehn Tagen kam er aus der Klinik zurück, die Nase trug er noch immer im Gesicht. Aber es war ein anderes Gesicht – nicht mehr das des jovialen, stets zu

Scherzen aufgelegten Landesvaters und Staatsmanns, sondern das eines harten, blutigen Despoten. Dieser Zar *(surprise, surprise)* ist böse.«

Böse? »Dem Charakter nach ist er ein ziemlich rauher Mann, und es ist schwierig, mit ihm zu sprechen. Wichtige Entscheidungen trifft er in Einsamkeit und oft sehr qualvoll, dann ist er in düsterer Stimmung.« Hier haben wir ihn, Iwan IV., den Schrecklichen, Peter I., den Großen, Nikolaus II., den vermeintlich Letzten, wie sie in dunklen Kremlkammern ächzend die schwere Last der Alleinherrschaft von einer Schulter auf die andere wälzen. Doch Pressesprecher Wjatscheslaw Kostikow beschrieb nicht die Zaren der Vergangenheit, sondern seinen Chef, den Boris.

Früher oder später senkt sich Mißtrauen ins Herz des Samodjerschez. Dies ist der Preis der Allmacht, daß er niemandem zu trauen können glaubt. Freunde und Weggefährten aus alten Tagen ersetzen neunmalkluge, aber stets fremde Berater: der Bäckerlehrling Menschikow, der Stallbursche Razumowskij, der KGB-Spitzel Korschakow – und »niemand sollte sich wundern, wenn es morgen die Krankenschwester oder ein Masseur ist«. Wie wahr, Lilija Schewzowa, wie wahr. Und wie schön, daß man auch als Politologin des neuen Rußland im ewigen Strom der Geschichte verharrt.

Nur einen Freund hat der einsame Zar: das Volk. Denn im Grunde genommen ist er ein Populist, der seine Sündenböcke in der Spitze der Gesellschaft sucht: Strelitzen und Bojaren, Apparatschiks und Deputierte. Sie werden unter dem Beifall der Galerie geopfert, wobei der Zar nicht selten selbst mit Hand anlegt. Und aufs neue ist es geknüpft, das mythische Band zwischen Herrn und Knecht.

Wolfgang Koydl

DER BANKIER

Würde Emma Bovary noch leben, wäre sie an einen ordentlichen Bankier geraten? Einen Zweireiher innerlich und äußerlich an Stelle des schmierigen Wucherers Lheureux? Einen Angestellten unserer Tage statt des lüsternen Notars Guillaumin, der mit dem Knie ihren Schuh berührt, als er in ihre Hände tausend Taler legen soll? Emma Bovary hat sich täuschen lassen: Von ihrem in der Provinz beleidigten Narzißmus, der ihr einflüsterte, sie brauche den Luxus zum Damendasein. Und von den geschickten kleinen Strategien des Geldmanns Lheureux, der seine trüben finanziellen Schiebungen zu ihrer völligen Verschuldung treibt – um sich dann, plötzlich und rüde, abzuwenden und seine Wechsel zu verkaufen. Aus der Konsumentin wird die Schuldnerin, und die gerichtlich Enteignete nimmt sich mit einer Mundvoll Arsenik das Leben.

»Gut«, sagt der Apotheker Homais. »Wir müssen eine Analyse machen.« Machen Sie nur, meine Herren: Die Diagnose ist immer die gleiche. Wie viele Bovarys sitzen gerade in ihren Einbauküchen, und wie viele Homais' machen sich mit Unruhe klar, daß ihre blanke Geschäftsausstattung noch einige zwanzig Jahre der Ärzte- und Apothekerbank gehört? Der Kredit ist Gewohnheit geworden, und wie jede Gewohnheit hat er seinen Schrecken gebannt. Über das Unbegriffene hat sich der Staub des Alltags gelegt, aber unbegriffen bleibt es: Daß wir, um Geld zu leihen, mehr davon zurückzahlen müssen, das haben wir beinahe gelernt. Aber wo das ganze Geld herkommt, und wie es sich vermehrt – wer hat das wirklich verstanden? Etwa der Bankier?

Wohl kaum. Auch der Bankier von heute bewegt sich mit der Sicherheit des Schlafwandlers auf einer Fensterbank, die das Häusliche vom großen Draußen trennt – jenem metaphysischen Horizont des Pekuniären, der sich gewitterhaft von Zeit zu Zeit verdunkelt. Nur hat der Geldverleiher an Solidität gewonnen und auch die Zeiten überstanden, in denen er Paria war.

Der edle Römer durfte sein Geld vermehren und Zinsen nehmen – das gehörte zum Geschäftsgebaren erfolgreicher Imperialisten, die mit großer Unbekümmertheit ihr Maß der Dinge und deren Verwertung dem Diesseits überwarfen. Aber er machte das nebenbei. Im Mittelalter geriet die europäische Welt in Verwirrung, denn das Geld hatte sein »natürliches Maß« verloren: Fürsten gaben ihr eigenes aus. Herzogtümer verschuldeten sich, der Kapitalbedarf nahm zu, und die metastasierende Geldwirtschaft gab gefährliche Rätsel auf.

In einer großartigen Studie über die Paradigmen der frühen Neuzeit *Metamorphosen von Raum und Zeit* beschreibt Martin Burckhardt, wie eine ganze Epoche sich mit der logischen Operation herumschlägt, auf welche Weise etwas Abstraktes sich denn vermehren könne: »Denn es ist widernatürlich, daß eine unfruchtbare Substanz, nämlich Geld, Früchte hervorzubringen vermag.« Es ist »ein Mehrwert des Symbolischen« in eine Welt geraten, die das Ding vom Zeichen und das Natürliche wie Heilige vom fremden Bösen reinigend zu trennen sucht. Und so ist es kein Wunder, sondern göttliche Gerechtigkeit, daß der Wucherer sich theologisch und sozial verschuldet: Er läßt das Geld für sich arbeiten, und zwar des Tags und des Nachts (und auch am heiligen Sonntag), und damit läßt er sich etwas verzinsen, das Gottes ist: die Zeit.

In einer frühen historischen Übung läßt Philipp IV. im

Jahre 1306 die Juden enteignen, um seinen Geldhunger zu stillen, während das Konzil von Vienne sogar noch das Leugnen, daß Wucher Häresie sei, zur Häresie erklärt. Wo das Geld, wie bei den Fuggern, noch mit Substanz (Geschäft und Krieg, Gewürze und Sklaven) verklebt ist, liegen Staunen und Schrecken unter Materie begraben. Wo aber das Geld selbst sich befruchtet, da muß der Bankier mit dem Teufel im Bunde sein.

Bruder Leichtfuß

Das Mittelalter haben wir überstanden. Die große Inflation liegt ein Menschenalter zurück, und die alliierte Währungsreform hat die D-Mark beruhigend befestigt. Die scheinbar letzte Abwehrschlacht gegen den bösen Händler des Geldes wurde in den Finanzromanen von Balzac und Zola geführt: Dort taucht der Finanzier immer wieder als Betrüger auf – ein Bruder Leichtfuß im besten Falle, im schlimmsten aber ein begnadeter Mephisto, der mit gewissenlosen Spekulationen für den katastrophalen Einbruch des Imaginären in die vermeintlich solide Wirtschaft sorgt.

Das historische Vorbild all dieser Gestalten, die das bis zur Gallenkolik gesättigte Bürgertum mit der Feder immer wieder im gierigen Halse kitzeln, ist John Law: der schottische Bankier. 1718 als Retter des französischen Staates aufgetreten, ruinierte er denselben mit der inflationären Ausgabe von Papiergeld – rasant und souverän in knapp zwei Jahren, ein Schamane der Hochfinanz, wie er schöner nicht auszudenken ist. Denn er hat, wie in einem Brechtschen Lehrstück, unsere dumpfe Ahnung als berechtigt erwiesen, daß die Volkswirtschaft, vor allem aber ihr Symbol, das Geld, auf etwas so Schwankendem wie Vertrauen beruht:

Gingen wir alle heute noch zur Bank, um unser Vermögen abzuheben, der ganze Laden bräche zusammen.

Die letzte Abwehrschlacht blieb aber nicht die letzte. Der 1855 erscheinende Entwicklungsroman von Gustav Freytag, *Soll und Haben* kontrastiert schön übersichtlich das deutsche Besitzbürgertum mit dem Geldhandel: Ersteres zeigt er nämlich, wie es 1924 in Adolf Bartels Literaturgeschichte heißt, »im instinktiven Gegensatz zum jüdischen Wesen«. Oswald Spengler analysierte zur gleichen Zeit »den Verzweiflungskampf durch die Wirtschaftsgeschichte jeder Kultur, den die im Boden wurzelnde Tradition einer Rasse, ihre SEELE, gegen den Geist des Geldes führt«.

Und schon ist sie da, die »neue, deutsche Wirtschaftsauffassung«. Arbeit versus Kapital, wertschaffendes contra zersetzendes Denken: vom mittelalterlichen Wucher über Jud Süß bis zur zionistischen Weltverschwörung zieht sich der Silberfaden des anderen, der vom guten Geldmann den bösen scheidet.

Es war die entfesselte ökonomische Kraft des 19. Jahrhunderts, die aus dem Bankier einen notwendigen Berufszweig machte. Im Okzident steigerte die Produktion sich um das Zwanzigfache, während die Bevölkerung sich nur verdreifachte: Man brauchte Spezialisten für den ungeheuren Kapitalbedarf, die notwendigen Investitionen, die internationale Geldbewegung. Nicht das Gewinnstreben war das historisch Neue des Kapitalismus, sondern die Arbeitsteilung, die zur Autonomie der Mittel führte. Der Spezialist des Geldes macht sich um Herkunft und Verwendung nicht notwendigerweise Gedanken: Er transferiert, spekuliert und vermehrt, so wie der Produzent die Fabrikation rationalisiert. Und die Abstraktheit des Geldes, seine unverstandenen Bewegungen wie die Zwecklosigkeit, mit welcher der Bankier seiner Tätigkeit nachgeht, waren hervorragend geeignet, im Nationalsozialismus noch einmal alle Mystifizierungen zusammenzuziehen – zur »jüdischen Hochfinanz«.

Als Oswald Spengler seine Phantasie über die deutsche Geld- und Rassenfrage schrieb, lag der Anteil der im Bankwesen jüdischen Beschäftigten bei 3,8 Prozent, die Zahl der jüdischen Privatbanken hatte sich in den vergangenen 50 Jahren von 1225 auf unter 500 reduziert. Die Macht des kollektiven Unbewußten jedoch erhebt sich über jede Empirie, und so war es nicht schwierig, das Bild des deutschen Geschäftsmannes noch einmal, und diesmal endgültig, von dem des jüdischen Wucherers abzulösen. Die Profite aus dem Zahngold der KZ-Toten haben dem Image des deutschen Bankers auch in der Folge nicht geschadet.

Er ist nun kein Paria mehr. Die deutsche Nachkriegsgeschichte hat ein protestantisch getrocknetes Bild des Bankiers, der das Geheimnis des Geldes mit der pedantischen Gewissenhaftigkeit eines selbstlosen Angestellten hütet: arisiert und arriviert zur Gänze. Jenseits von Opulenz und Gier durchschreitet der Manager des Geldes im grauen Anzug Raum und Zeit, gelassen, konzentriert und ausdruckslos. Die Banken selber haben sämtliche Wünsche aufgenommen, sie verwalten – mit Altersvorsorge, Ausbildungskonto, Bausparvertrag und Vermögensbildung – das Persönlichste über das größte Abstraktum, das Geld. Mit ihrer Werbung, die subtil erotisch alle Lebensplanung durchs Nadelöhr des Finanziellen treibt, rücken sie uns näher denn je. Daß der Bankier, ganz wie ein säkularer Priester, zwischen uns und unseren Begierden steht, gibt ihm die größte historische Alltagsbedeutung. Deshalb seine hellen Räume, ihre aseptische Seriosität, ihre Diskretion: Es ist der phobische Reflex gegen das Obszöne, das im Geldverkehr unterdrückt allgegenwärtig ist.

Während lächelnde weibliche Angestellte der Hypo mit

offenem Gesicht ums allgemeine Vertrauen werben, tagt ihr überwiegend männlicher Vorstand hinter verschlossenen Türen. Wohl kein Berufszweig in der Bundesrepublik verfügt über mehr Macht ohne Rechtfertigungsdruck, und keine Elite weiß sich so nobel im Schweigen einzurichten. »Leitzins«, »DAX« und »Trennbankensystem« – wie schon zu Georg Simmels Zeiten gestattet die allgemeine Unklarheit »den Gebrauch von Ausdrücken, die eigentlich wie verschlossene Gefäße von Hand zu Hand gehen«. Wie auf einem Wasserbett toben die Broker, die Tom Wolfe im *Fegefeuer der Eitelkeiten* beschrieben hat, an der New Yorker Börse: Wenn man die Basis trockenlegen will, bekommt man mindestens nasse Füße, womöglich aber ertrinkt man auch.

Der Bankier wirkt seriöser denn je, wiewohl der spekulative Anteil seiner Arbeit wächst. Etwa 130 Prozent der Bankengeschäfte sind nichtbilanziell; eine monetäre Gegenwelt aus Börsentermingeschäften, Indexterminkontrakten und anderen Wettspielen, deren selbstreferenzielle Empfindlichkeit zu ahnen, aber nicht zu messen ist. Der Weg des Geldes von seiner Vermehrung zu seinem Kollaps ist weiterhin dunkel, aber der Bankier hat sich seiner bedrohlichen Aura erfolgreich entledigt. Und ebenso gelingt es ihm – wie seinem Appendix, dem Parteipolitiker – die Abhängigkeit der Politik von seinen Ratschlüssen auf eine allgemeine Ahnung zu beschränken. Die Ermordung von Jürgen Ponto und Alfred Herrhausen durch die RAF war auch eine ebenso sinn- wie folgenlose Attacke auf einen Berufsstand, der seine intakte Immunisierung und Transparenz höher schätzt als jede Sympathie.

Und es gleichwohl erreicht hat, als Internist des Pekuniären unser Vertrauen zu genießen. So daß wir annehmen, Emma Bovary würde, heute am Schalter, kein Arsenik genommen haben. Ihr freundlicher Finanzberater hätte sachlich den Kopf gewiegt, auf den Kreditrahmen verwiesen und ihr nachhaltig abgeraten, noch eine Reiseausrüstung zu ordern. Sie wäre bei Karl geblieben, schon weil es am passenden Fluchtmantel fehlte. Das hieße einen Bankrott weniger und einen anderen Roman.

Elke Schmitter

DIE BLONDINE

Im Dämmerlicht der Atome ist alles gleich. Deshalb entzieht sich der wahre Poet der immer trügerischer werdenden Buntheit und kauft statt neuer Monitore Mikroskope, um die Wirklichkeit in ihrem Grauschatten zu erwischen. Solchen Mut, hinter die Dinge zu schauen, darf ein Feuilletonist nicht aufbringen. Er muß vielmehr mit allen Behinderungen seines Geschlechts auf der farbigen Außenschale sitzenbleiben. Das menschliche Auge nimmt die Welt in Farben wahr. Das Auge des Mannes ist dagegen lediglich fähig, in der Welt Frauen wahrzunehmen. Die teilt er in Schwarze, Brünette, Rote und Blonde ein und in seinem Herzen in Hexen und Heilige. Dabei verknüpft er das letztere mehrheitlich mit dem letzten, und so geschieht es, daß er besonders gerne die Blonden brennen sieht.

Der Feuilletonist kann nichts dagegen tun, sondern nur zeigen, wie die Welt, mit einer solchen Behinderung betrachtet, ausschaut und den Frauen raten, den Männern Mikroskope zu schenken, worin Frauen und Männer sowie Katzen und Hunde grau sind. Es ist erstaunlich, was Männer alles mit ihrer eingeschränkten Farbsichtigkeit auf Leinwand, Papier und Zelluloid angerichtet haben. Nicht die Blondine also können wir hier feiern, sondern nur eine Fiktion, zusammengemischt aus Farbenmystik.

Was könnten wir von den Schwarzhaarigen erzählen, welche Welten hätten wir aufgetan, wenn wir uns an die Nußbraunen und die Lichtbrünetten erinnern dürften, und welche Wunder hätten wir von denen zu berichten, die uns das dunkelglühende Kupfer der Erde und das Henna der

Morgenröte in die Seele brennen. Hier aber soll die Blondine durch den Kopf des Mannes gehen. Wir müssen uns also mit Phantomen beschäftigen, die ihre Tage sauber beginnen und enden, die nur auf geharkten Wegen wandeln, die in jede Unordnung einen Scheitel ziehen und deren Sünden rein bleiben. Wir bekommen es mit der hellen Vernunft zu tun, mit Engeln und Löwinnen, mit Gretchen und der Venus.

Bringen wir also Ordnung in unsere Gefühle und beginnen wir mit Eva. Das blonde Gift der Genesis vertrieb uns und sich aus lauter Wißbegier aus dem Paradies. Das erste Licht der Aufklärung zeigt sich also von allem Anfang her in der Blondine, und es besteht kein Zweifel, daß Robespierre sich die Göttin der Vernunft als Blondschopf dachte im Gegensatz zur schwarzen Teufelsbraut Charlotte Corday. Wir sind uns sicher, daß selbst Gott die Blondine bevorzugte. Hieronymus Bosch zeigt Eva in knielanger goldener Lockenpracht, weiß wie Schnee, mit dem gesenkten Blick des Unschuldslamms, Gott aber durchaus im Zweifel und Adam dümmlich zu diesem Geschöpf aufblickend. Wer traute sich schon, einer Blondine frech ins Antlitz zu schauen, sich im Blick der Loreley zu fangen, um von den Netzen der Nixen in eine atemlose Welt gezogen zu werden, die Tod verheißt und in der man im Morgenrock auf einem Biedermeiersofa erwacht? Der Blondine schaut der wahre Mann nur ins Auge, wenn sie etwa als Herzdame in Pinupgeste in einem Herrenkartenspiel erscheint, oder er setzt die Lesebrille auf, um im Prado zu Madrid Boschs »Garten der Lüste« näher in Augenschein zu nehmen, wo es von Blondinen nur so wimmelt.

Der Blondine geziemt der Abstand. Ihr klarer Durchblick erschreckt, ihr scharfer Verstand verblüfft, ihre Erotik verwirrt, weil diese sich stufenlos vom Gickeln Gretchens zum orgiastischen Gesang der Kalypso entfalten und wieder in die Sorge für Vorgartenpflege zurücksinken kann. Die tiefen Abgründe der Blondine liegen an der Oberfläche, und die Oberfläche ihres Wesens ist eins mit den tiefsten Abgründen. Deshalb wird die janusselige Blondine, das geniale Dummchen, die Hausfrau und zugleich Vampir ist, Sexsymbol und Tierschützerin, Tellerwäscherin und Philosophin, Chaotin und Ordnungstier, Kuschelkätzchen und Kassandra, Bohnenstange und Weltereignis, Zuckerpüppchen und Tragödin die fürstlichste Falle für jeden Mann. »Nimm mich, ich bin ganz ohne Arg«, ist der Satz, den Norman Mailer heimlich über seine Monroe-Biographie setzte. Es ist die Botschaft des blonden Haars. Und selbst Heinrich Manns Professor Unrat verfällt der rothaarigen Halbweltdame erst, als er ihre blonden Achselhaare sieht. »Nimm mich, ich bin ganz ohne Arg.«

So verfallen die Könige den Maitressen, die Sultane den Odalisken und die Präsidenten den Callgirls. Der Seigneur de Brantôme, der die Frauen kannte, wie sonst keiner, schwärmte davon, die blonden Engelchen vollkommen nackt in schwarztaftene Bettücher zu legen, wo die Weiße und die Köstlichkeit ihres Fleisches besser aus dem Schwarzen hervorleuchte und mehr Kurzweil gewähre. Bei Rubens, Watteau und Boucher wird die Blondine zur Hauptperson im Lusttraum der höfischen Gesellschaft, und während die Könige die Welt ruinieren und die Aufklärer eine neue Welt der Vernunft herbeidiskutieren, beherrschte vom Bett aus eine Blondine den Kontinent. Madame de Pompadour war fast eine Blondine. Die einen beschreiben sie als blond und blaß, die anderen als wundervoll lichtbraun. Sie ist die wahre Göttin der Aufklärung, die klügste Frau und geschickteste Politikerin ihrer Zeit. Mit ihrem schönen Haar gleiche sie einer Nymphe, schwärmen die

Höflinge, und der englische Frauenheld und Seefahrer The Honorable Augustus Hervey nennt sie das schönste Geschöpf, das ihm im Leben begegnet sei, glitzernd wie ein Fels aus lauter Diamanten. Mit der Pompadour saßen ein einziges Mal in der Zivilisationsgeschichte die Wollust, die Philosophie und die Staatsklugheit zugleich auf dem Thron. Selbst Voltaire kapitulierte. Nur Friedrich der Große blieb standhaft in seinem Haß. Aber Friedrich haßte alle Frauen. Dafür hielt er sich an blonde Kerls. Nach Madame Pompadour ging es mit den Blondinen bergab, vom Mariechen der Revolution zum Funkenmariechen und zur Barbiepuppe, von den Najaden Bouchers zum Unternehmen Hollywood, das von Bossen, Brieftaschen und Blondinen lebte.

Löwin und Blümchen

Die Romantiker erfanden die künstliche Blondine, um sich sexuell abzureagieren, und stellten ihr die brave sanfte blonde Lebensgefährtin gegenüber. Von dieser Zweiteilung ist die Blondine bis heute nicht losgekommen. Sie spaltet sich im Blick der Männer. Löwin und Blümchen, Pornostar und Hausfrau, Hure und Heilige, der Engelskopf mit dem Teufel im Leib. Mit dem Zwittergeschöpf wird der romantische Mann nicht fertig. Er bringt die Hälften durcheinander und wird darüber verrückt. Mit der Hausmutter ist er unzufrieden. In ihr kaltes Gemüt dringe kein Strahl des Geheimnisvollen. Sie erschaue nur die bunte Oberfläche der Welt, wirft er ihr vor. Aber nach der blonden Automate verzehrt er sich. Olimpia, E.T.A. Hoffmanns Zahnradpuppe, ist die dämonische Starblondine der Romantik, die den Jüngling zu erotischer Raserei bringt wie eine Cyberspaceschönheit. Die automatische Blondine wird zum Traum aller Erotomanen, deren Sex ertaubt ist für das Menschliche, für das Wagnis, für das Risiko zu scheitern, für die Sturzbäche der Überraschung und des unkalkulierbaren Lebens. Die Blondine, die die Sonne zum Schmelzen brächte, wird umgeträumt zur kalkulierbaren Sexmaschine oder zum ausgezirkelten Heimroboter. Im Filmzeitalter wurden die Blondinen reihenweise vor diesem zweiflügeligen Altarbild geopfert.

Das aufregendste, rätselhafteste Opferlamm war Marilyn Monroe. Sie ruinierte die Männerelite einer Epoche. Achtbare Herren, Dichter, Denker, Künstler, Finanziers, Präsidenten, in deren Händen das Schicksal der Welt lag, gingen durch diesen Feuerwirbel, der von einem unbefangenen kindischen Kind mit einem kleinen Stimmchen entfacht wurde. Marilyn Monroe hat es vermocht, die Gleichzeitigkeit aller denkbaren Gegensätze, wie sie nur die Blondine herstellen kann, auf den Sekundenblick der Kamera zu konzentrieren und hat damit sogar die Magnetnadel ins Taumeln gebracht. Marilyn Monroe war, was sie vorgab zu sein, und war damit der letzte, vielleicht der einzige wirklich ins Leben getretene Männertraum von der Blondine. Das Versprechen von Arglosigkeit, entlegenster Erotik und scharf sichtendem Verstand, Himmel und Hölle vereint zum Chor, hat die Menschen wahnsinnig gemacht. Schließlich erwartete sich jeder Erlösung, wenn er sie nur berühren durfte, als sei sie von einem Priesterkönig zur Besänftigung der Götter auserwählt. Schauen wir ihr ins Gesicht. Das ungeplante Leben zerstört die Pose und überwältigt für alle Zeiten die Erstarrung im Zelluloid.

Das hat nach Marilyn Monroe keine mehr geschafft. Die heutige Blondine begibt sich nicht aus ihrer Plastikform. Die Monroe war der letzte Star auf dem Scheiterhaufen. Heute ist die Blondine der Star auf dem Laufsteg. Der

Abenteurer ist ausgestorben. Der Bürohengst träumt von einer ungefährlichen Puppe, und der Modeschöpfer spielt Prometheus. So entstand Claudia Schiffer. Schönheit pur, Sauberkeit pur, Erotik pur, Intelligenz pur. Bei ihr kommt nicht der Wunsch auf, durch Berührung erlöst zu werden. Die neue Blondine ist bereits ein Cyberspacewesen. Sie muß nicht erst durch den Binärverwandler gehen. Wer die Monroe auf Hochglanz anschaut, hat noch das Leben, wer Claudia Schiffer höchstselbst berührt, hat schon die Kunst. So enorm ist der Fortschritt bei der Verwandlung von Männerphantasie in Wirklichkeit. Wir trauern unseren verlorenen Träumen nach. Vom Altarbild ist die Hälfte weggeklappt. Uns bleibt die schöne Hülle. Die Puppe Olimpia auf der Kommode, die uns nicht zwischen sexueller Raserei und Häuslichkeit in den Abgrund kippt, sondern lustvoll sich spreizt, ohne daß wir fürchten müßten, es ginge uns etwas an. Die Dämonen sind verflogen. Claudia Schiffer blickt hilflos aus dem Posenkleid der Monroe. Die virtuelle Geilheit fliegt auf ein Mädchen, das genausowenig, wie wir es uns wünschen, mit dem zu tun hat, was sie darstellt. Der Feuilletonist rettet sich, indem er alle Leitungen kappt und auf die Suche nach den Blondinen geht, wie sie wirklich sind, Frauen, die uns humorvoll, mit Spott und Lust auf jenen Teppich ziehen, den wir als Alltag verachten.

Michael Winter

DIE GRÄFIN

Sie ist die Grenzüberschreiterin, die Fleischfressende, die lockende Meeresblume, deren geöffnete Blütenblätter ihre Fangfalle verbergen, die sich öffnet und schließt und wehrlose junge Männchen einfängt, um sich davon zu nähren. Ihrem Verlangen folgt sie ohne Ungeduld, sich Zeit lassend aus Geschmack, ihr schlüpfriges Mahl zum Abenteuer gestaltend. Ein spätes Erblühen mit unbegrenzter Libido, in einem geheimnisvoll phosphoreszierenden Zustand, lokkend und voll Tiefe – Liebe von der abgründigsten Sorte.

Diese subversive Kraft, Jugend- und Schönheits-Normen zu trotzen und die emotionale und sexuelle Wüste, zu der man sie einst verdammte, zu verlassen – wie hat diese Tollkühne sie erworben? Ihrer früheren biologischen Konditionierung enthoben, hat sie die alten Mythen und Riten längst hinter sich gelassen und schafft sich neue Ausdrucksmittel, von keiner Vorsichtsmaßnahme mehr geprägt, sie macht Liebe mit der Kennerschaft ihrer ganzen Person. Sie hat das Milieu gewechselt, denn mit Männern, die ihr Leben damit zubringen, wirklichen Frauen aus dem Weg zu gehen, hat sie nichts mehr im Sinn: sie verachtet die Spuren jenes Übels, Arbeitsleben genannt und erprobt lieber an zarten Epheben, anzufassen, was unversehrt, jung und saftig ist.

Erotischer Schliff

Ihre Erotik ist ein von schwerhängenden Früchten strotzender Baum und ihr Begehren grenzenlos und unschuldig zugleich: sie sucht nichts Geringeres als ein Klima mit Gefühl. Sich ihr zu Füßen werfend, von ihrer leuchtenden Schönheit verwirrt, zitternd und atemlos will unser Cherubino nichts als sterben. Mit beruhigenden Worten, begleitet von einem kleinen Klaps, trocknet diese zärtliche Mutter mahnend seine schönen Augen: »Wenn die Frauen ihn lieben, / So wissen sie warum« (da Ponte). Seine Frauenkleidung, die ihm die Gräfin und Susanne alsbald anlegen wie einer Puppe, mit kundigen, zärtlichen Händen, herrisch und herrlich zugleich, verspielt und gerührt, gibt seiner bartlos-blühenden Männlichkeit den Rest, doch weit davon entfernt, ihm beizustehen, bleibt die Gräfin unbeirrt beim emotionalen und poetischen Stil ihrer Jahre: beim Rückzug vor der Männlichkeit.

Waren es früher bevorzugt die Wohlhabenden, welche Waisen, Findelkinder und die Kinder Armer – ihnen anvertraut, damit sie sie erzogen – an ihre Brüste zogen und atzten, um diese begabten Köstlinge zu kunstliebenden und liebeskünstlerischen jungen Männern heranzubilden und ihnen erotischen Schliff zu geben, so zieht sich heute diese weibliche Vermessenheit durch alle Kreise. Mit dem bedauernswerten Unterschied, daß wir uns damit begnügen müssen, diese Jungen glattweg von der Schulbank oder U-Bahn aufzufordern – ein etwas niederes Vergnügen angesichts der zärtlichen Ziehmutter-Vertrautheit seinerzeit, da subtile erotische Spiele bereits als Schoßkind begannen, als der zarte Sproß noch auf dem Nachttopf saß. »Sie amüsierte sich über ihn und liebt ihn so närrisch wie ein Spielzeug«, schreiben die Brüder Goncourt über die zarte Versuchung der Madame de Choiseul in Gestalt des anmutigen kleinen Ludwig, »sie hegt für ihn eine Passion, die eine Frau für einen Hund hat«.

Und während der junge Mann, die Hand zum lässigen

Hi! erhoben, zunächst an uns nichts Altmodisches finden mag, ist dieser 13jährige, in seine Patin bis über beide Ohren verschossene Page dazu verurteilt, zu schmachten: »Ich weiß nicht, was ich bin, was ich mache …« Und während wir vor unserer Haustür nicht zögern und unseren Fund alsbald entkleiden, ein gutbürgerliches Lächeln in unseren Zügen, zieren und spreizen sich die Gräfin und Susanne zögerlich vor Cherubinos zartpueriler Schüchternheit, entzückt von seiner Haut und ihrem Schimmer …

Nur der Allzurationale (und deshalb Dumme) würde auf die Frage verfallen, warum die reife Frau in diesen globalen Schlupfwinkeln der U-Bahn oder in diesen wunderbaren Salons verfeinerter Dispute sich ausgerechnet grüne Söhnchen zur Liebe auserwählt, wo es doch genügend richtige Männer gibt im Vollbesitz ihrer Kraft und Macht, die sich nicht zieren. Doch die Bleikammern des gestandenen Mannes sind heute wie damals ohne Geheimnis und Phantasie (erst ab siebzig werden sie wieder zu Troubadouren). Nun, reife Frauen haben seit je genug von ihrer Dosis Normalität zuhaus, nur außerhalb vermögen sie aufatmend zu lieben, wie man ab fünfzig liebt, fasziniert vom Imaginären. Und dieser goldbeflaumte junge Ephebe, von seiner Herrin in dunkle Geheimnisse und sündige Verwegenheiten lustvoll eingeweiht, liefert ihr das Wunderbarste und Intimste, das er zu bieten hat: die erlaubte inzestuöse Liebe zwischen Mutter und Sohn – eines der wenigen Tabus, die es nicht aufzuheben gilt.

Heute, wo alles Fleisch wird und das Fleisch die Imagination erstickt, daß es nichts Neues mehr gibt unter Sonne und Mond, flüchtet sich unsere Phantasie ins Ungleichgewicht: nichts so anregend wie reifes Entgleisen mit einem pubertären Geliebten, Sex mit einem Schuß Schatten … Die Nesthockersöhne, endlich hinausgeworfen, werden hastig ersetzt: auch eine andere schöne Mutter hat ein schönes Muttersöhnchen, das Milch braucht und mütterlichen Schutz und eine weiche Brust, um die Geschlechterkämpfe, die draußen toben, auszuliegen. Denn sie haben Angst, diese empfindsamen Knaben – vor Kriegen, Kampf, Sex, Arbeit, Frauen und dem Tod, seit je eine gute Beigabe, lustvoll zu lieben. Der junge Mann flieht die fortpflanzungssüchtige junge Frau und wendet sich an das, was ihm Sicherheit verleiht: den mütterlichen Körper, beruhigend unfruchtbar in einer Zeit sich verändernder Werte: ein angstfreier Inzest. Die Gräfin von heute wiederum, Spätentwickler wie fast alle, sich um den Mann betrogen fühlend wie fast alle, mit ihrer wunden Seele und ihrem erfahrenen Fleisch – sie scheint zu wissen, wo es langgeht. Sie hat ihre emotionale und sexuelle Leere in heißen Gruppentherapie-Sitzungen durchmessen, ins narzißtische Gewinde ihrer unterdrückten Wünsche geschraubt, hat ihn artikuliert, ihren müden Frust, ihre finsteren Machtgelüste. Nun kommt er gerade recht, der junge Mann, um gepflegt und gehegt zu werden, da sie dampfend aus diesem Bad hervorgeht, jünger geworden, schöner geworden und neu belebt.

Das Sich-Messen mit reifen verschlagenen Gegnern ist sie leid, sie will Liebe, bei der man stark und selig zurückbleibt, Liebesgeflüster mit Kinderstimme. Denn die Gräfin von heute ist von ihrer lebenslangen Jungerhaltung gestählt, mit geradem Rücken und aufrechtem Gang, voll Verachtung für die Mode des ostentativen Alterns. Eher eine, die nachts wieder Zahnspangen trägt über Jacketkronen, vitaminernährt und dramengeschützt, und leichte Schwermut überhaucht die heimtückische Kraft ihrer fressenden Mütterlichkeit.

Nichts mehr da von der Ambivalenz einer Colette, die für Lea und *Cherie* zwei Schlüsse schrieb: Einmal romantisch und stolz, den Verzicht voll königlicher Prägung – die weibliche Reife, sprich Wechseljahre, als vorgesehene Markierung für das Ende des Verlangens. Und sechs Jahre später, als grollender Zweifel an dieser entsagungsvollen Rolle sie nie verließ, in *Cheries Ende*, diese Ausgeburt weiblicher Rache: die einstige Geliebte für den jungen Geliebten bis zur Unkenntlichkeit entstellt, eine Alte mit breitem Rükken, dem körnigen Polster des Nackens unter kräftiggrauem Haar, eine gewaltige Frau »wie ein alter Cellist frisiert ...«

Nein, die Gräfin von heute ist keine, die dahindämmert, Litaneien vergeblicher Liebe auf den Lippen, bereit, den alternden Gatten zu verwöhnen, sie setzt ohne Federlesen ihre gesamte Erfahrung und ihre Fertigkeiten ein und macht Liebe mit ihrer ganzen Person. Und die Genugtuung, Lust zu spenden, befreit sie von jeder anderen Würde, bei ausgelassenen Spielen findet sie das Lachen ihrer Kindheit wieder, ihr kleinmädchenhaftes Geplapper.

Aber sie ist auch Menschenfresserin, heißblütig und rätselhaft, und spricht gotteslästerlich über Männer, ihre Wut und ihr mütterlicher Liebeszorn umgeben sie mit der Aureole der Rachegöttin. Ihr Durchstehvermögen, ihre kundigen Bewegungen und ihr erotisches Draufgängertum setzt sie ein gegen seine erdrückende Engelhaftigkeit, seine Unberührtheit vom Leben, seine Wehrlosigkeit. Dieser Neugeborene blickt auf sie mit weltfremden Augen, eine ferne Welt, durch Betasten zu erwerben, er grapscht, fuchtelt, lallt und müht sich ab, und je mehr ihn diese Mutter einlebt, um so größer wächst sein Hang, zu entdecken. Schon nimmt er alles in den Mund, schon sprengt er ihre Verbote. Aus unwiderstehlichem Drang öffnet er ihre Laden und wirft alles zu Boden, er äußert immer weniger Lust, sich ihren Regeln zu unterwerfen und spielt Verstecken, liebäugelt mit dem Verschwinden. Nach schwankenden Gehversuchen erfaßt er die Wonnen der Wirklichkeit und auch den Mangel, die Ungleichzeitigkeit der Wünsche, und eines Tages gar, vielleicht deshalb, da fängt er an zu lachen.

Der Mann als Komödiant

Das Heft noch krampfhaft in der Hand, wird sie wütend und reglementiert: wie unartig er ist, das böse Kind, gleich gibt's ein paar hinter die Ohren! Und weil es Spaß macht, wird dieses Spiel wiederholt, unser Prinz lacht immer lauter, tobt und springt herum und wirft sich auf den Boden – der männliche Komödiant ist erwacht.

In den Augen der Gräfin erscheint ein neuer Ausdruck von Hilflosigkeit und Trauer, sie ist unsicher und macht Schnitzer. Ihn zu halten, ihm etwas zu bieten wie keine sonst ist nun ihr Ziel, und Geschenke verschaffen ihr einen machtvollen Schauder (hier gibt sich unser Cherub kurz geschlagen und nimmt). Und plötzlich ist er da, der Schatten einer jungen Frau, und kein Verbot hält ihn in Schach. Die Gräfin bricht in Tränen aus, gleichzeitig spöttelnd über sich selbst: aus einem Sohn ist ein Mann geworden, wie alle anderen auch. Nun sitzt sie über seinen Spielsachen wie eh und je, den kleinen Kleidern, und sie verfallen. Die Überflüssige kleidet sich in ein durchsichtiges Gewand und bereitet das Lager, streut Rosen über die Laken und sättigt die Luft mit Räucherstäbchen, während der junge Geliebte nach neuen Ufern sucht.

Die Gräfin und ihr blutjunger Liebhaber haben ihr Lager in einem verwüsteten Zustand hinterlassen, voll unausrottbarer Spuren des Liebesmahls: ein geleertes Glas Wein über den Laken, eine welke Blume, ein geöffneter Flacon, ein Messerchen und eine Gabel, eine abgenagte Rippe, ein Medaillon, das er auf seiner mädchenhaften Brust trug und ein Ding, glatt und lang wie ein Finger. Aus den Augen der Gräfin fließen Tränen und doch lächelt sie fein, mit blutverschmiertem Mund.

Barbara Bronnen

DER HYPOCHONDER

Er leidet. Er leidet chronisch. Kein Tag ohne Gram, keine Nacht ohne Kummer. Er leidet am Ozonloch und fürchtet sich vor niederschwebenden Ahornblättern. Mit äußerster Zuverlässigkeit löst sein feinnerviges Frühwarnsystem immer wieder Fehlalarm aus. Die Welt besteht für ihn aus lauter neuralgischen Punkten. Größer als sein Leiden ist nur sein Jammer. Viele Achs und Wehs stoßseufzt er im Laufe seines bedauernswerten Lebens, gerade dieses Stoßseufzen aber bereitet ihm eine rätselhafte Wonne. Manchmal leidet er nicht wirklich, dann jammert er aus Gewohnheit.

Alles kann eine Unpäßlichkeit bei ihm hervorrufen, alles und nichts. Die bloße Möglichkeit einer Krankheit hält er schon für die Krankheit selbst. Er ist sehr phantasiebegabt. Was Autosuggestion ist, weiß er nicht. Wenn er in den Spiegel schaut, zur täglichen Inspektion, erblickt er ein bleiches Gesicht, dem ein düsteres Gemüt nur selten den Befehl zum Lachen erteilt. Deswegen traut er sich nur ungern unter die Menschen, außerdem könnte er sich anstecken. Am ehesten trifft man ihn in der Apotheke, wo er regelmäßig prophylaktisch das Sortiment sichtet, man weiß ja nie.

Er redet wenig, meist nur im Notfall, doch der herrscht fast immer. Wenn man ihn doch einmal in ein lockeres Gespräch verwickelt und dann berichtet von ganz unpersönlichen Katastrophen, starrt er einen apathisch an. »Das ist schlimm«, sagt er sorgenvoll. »Aber es gibt Schlimmeres«. Zweifelsohne denkt er dabei an sich und seine exklusiv schwankende Befindlichkeit, die er sogleich mit einem energischen Gehüstel bekundet.

O ja, er ist sehr empfindsam. Dummheit erträgt er nicht, Geschmacklosigkeit schon gar nicht, und Verständnis macht ihn mißtrauisch und hippelig. Er stammt aus der unwirtlichen Gegend diesseits eines Potemkinschen Dorfes. Er hat Manieren neben seinen Manien, aber nur selten die ausreichende Energie, sie vorzuführen. Er gilt als irgendwie schwierig, das manische Zelebrieren seines eigenen Innenlebens als irgendwie modern. Oftmals ist er freischaffend, Intellektueller oder Künstler. In seinem Regal stehen Shakespeare, Kant und Darwin, auch sie waren Schwierige und Schwermütige, die sich von Formtief zu Formtief retteten. »Um das Mißlungene zu vollenden«, nörgelt er neidisch. Er ist abergläubisch, insgeheim glaubt er an das Murphysche Gesetz: die Einsicht, daß schiefgehen wird, was schiefgehen kann. Er simuliert und sublimiert und kokettiert und dabei kommt es manchmal zu Verwechslungen. Das Leben betrachtet er als Gefahr. Er ist mißvergnügt aus Überzeugung und Ohnmacht gleichermaßen. In streng periodischen Erregungswellen versucht er sich von der Wirklichkeit zu emanzipieren und von den Gesetzen ihrer Wahrscheinlichkeit, was dann immer zu noch mehr Verdruß führt.

Zweitausend Jahre kränkelt er nun schon vor sich hin, die Allianz von Einbildung und Elend kennt kein Verfallsdatum. Er ist uns also wohlvertraut mit all seinen Macken und Marotten, doch die Motivforscher tappen noch immer reichlich im dunkeln bei ihm. Frühkindliche Mangelerfahrungen, das können sie wenigstens sagen, spielen bei der ältesten Krankheit des Menschen keine Rolle. Was aber dann? Blicken wir zurück. Das Wort Hypochonder, zusammengesetzt aus *hypo* (= unter) und *chondros* (= Knorpel- oder falsche Rippen), taucht erstmals unter den hippokratischen Aphorismen im Zusammenhang mit Fieber auf, es bezeichnet Milz, Leber und Galle. Nach dieser Begriffsfestlegung trat der Hypochonder seinen Triumphmarsch als Melancholiker an. Melancholie, mutmaßlich hervorgerufen durch einen Überschuß an schwarzer Galle, war eine psychologische Entdeckung und ein vieldiskutiertes Phänomen der Renaissance. In dieser Zeit wurde auch der antike Gedanke einer Verbindung zwischen Genie und Wahnsinn neu belebt.

In seinem 1621 erschienenen Buch *Die Anatomie der Melancholie* beschreibt Robert Burton verschiedene Formen der Gemütskrankheit, die Liebesmelancholie, die religiöse Melancholie sowie die hypochondrische Melancholie. Als maßgebliche Symptome nennt er »häufiges Aufstoßen«, »Ohrensausen«, »Schwindelgefühl«, »Schlaflosigkeit« und »Benommenheit«, aber auch »Angst und Traurigkeit«. Zur Genesung empfiehlt er Bewegung, auch rät er zur Diät und zur Wahl eines guten Arztes.

Die Nähe vom medizinischen Tip zum Trick belegt er mit dem Bericht über einen Mann, »der Angst hatte, zu pinkeln, weil er befürchtete, die gesamte Stadt zu überfluten. Der Arzt sorgte dafür, daß die Glocken Sturm läuteten, und sagte ihm, die Stadt stehe in Flammen, worauf er Wasser ließ und sogleich geheilt ward«. Das Buch machte die Hypochondrie salonfähig und beförderte zugleich die Spekulierlust, und schon bald machte man für das Unwohlsein die Milz bei Männern verantwortlich und die Gebärmutter bei Frauen, daher waren Männer spleenig (vom englischen *spleen* = Milz), Frauen hysterisch (vom griechischen Wort für den Uterus: *hystera*).

Ausgestattet mit den Attributen des Weltschmerzes, entwickelt sich der Hypochonder zum Held der aufklärerischen Besserungskomödie. Molières *Eingebildeter Kranker* ist ein Virtuose der Verstellung, nur nebenbei ist er noch das Opfer seiner Sensibilität und eher versehentlich obsiegen die Selbstheilungskräfte des Körpers. Weiter begegnet uns der Hypochonder in Gestalt des Zerrissenen bei Goethe und Byron, Charlotte Brontë und in der deutschen Romantik. Immer häufiger interpretiert man die Hypochondrie als Schwäche des Nervensystems, sie mutiert schließlich zur Neurose, Freud hält sie nicht für analysierbar. Ohne Analyse aber keine Therapie.

Professionelle Tiefseelenforscher haben inzwischen herausgefunden, daß die vermeintlichen Beschwerden überwiegend in der linken Körperhälfte auftreten, daß Griechen, Italiener und Nordafrikaner häufiger jammern als andere Völker, daß Kummer teilweise erblich ist. Man muß das nicht glauben, aber glaubt es gerne, wie das Tageshoroskop, das auch fröhliche, gesunde Menschen kennen, auch wenn es niemand gelesen haben will. Sowas hat Folgen: Heute leidet jeder, und meistens allergisch. Der empfindsame Intellektuelle muß sich sein Leidens-Privileg teilen mit sporttreibenden, positiv denkenden Teilzeit-Intellektuellen. Der neue Typus und seine flächendeckende Dominanz haben dem Berufshypochonder ein altbekanntes Nischen-Dasein als verkannter Künstler oder Gelehrter beschieden, von wo aus er nun argwöhnisch die penetrante Erscheinung des Freizeithypochonders beäugt, diese Ausgeburt der Überflußgesellschaft mit ihren Genuß-, Erholungs- und Aromaproblemen.

Der Freizeithypochonder absolviert ein Ertüchtigungsprogramm aus Joggen, Aerobic und Bodybuilding, er will fit sein, nicht frustriert. Er denkt in Begriffen wie Störfaktor, Risikogruppe, Krisenmanagement. Weil er zum Extremen neigt, schluckt er Knoblauchkapseln, knabbert Müsli-Riegel und gibt sich bio-dynamisch. In schwächeren Stunden schiebt er ein kalorienreduziertes Fertigmenü in die Mikrowelle. Er lacht jetzt angeblich öfter als früher, wirkt dabei aber noch immer sehr hilflos und zwanghaft. Er belegt Kurse über Meditation, Energetik, Rolfing, Fußmassage und andere bewußtseinserweiternde Techniken, was endlose Kreisläufe von Panik und des Selbstmitleids in Gang setzt. Man muß sich das vorstellen wie München bei Föhn. Der durchtrainierte Freizeithypochonder kann sich labile Körperfunktionen leisten, er ist Privatpatient. Mit seinen diffusen Sekundärbedürfnissen ist er zum Quasi-Esoteriker geworden. Sein seelisches Unbehagen bekämpft er mit einem komplizierten Ritual aus Eincremen, Parfümieren und Gesundbeten. Er sagt ganzheitlich und meint beliebig. Botho Strauß kennt er flüchtig, die Filme von Woody Allen findet er übertrieben. Spätestens nach der ersten Krampfader dichtet er eine Grabinschrift. Wie er sich im Moment fühlt? Es könnte ihm besser gehen.

Sven Siedenberg

DER GEWERKSCHAFTER

Bei Lichte betrachtet ist der ideelle Gesamtgewerkschafter eines der letzten armen Schweine der alten, industriellen Arbeitsgesellschaft. Der Gewerkschafter kann sich zwar unter seinesgleichen als kleiner König gerieren – was er auch gerne und lustvoll zelebriert. In Wahrheit ist er aber der Knecht einer verschworenen Gemeinschaft, die ihn mit ihren zwanghaften Ritualen malträtiert, ohne daß er das jemals einem Außenstehenden gegenüber zugeben würde. Seine Hauptaufgaben bestehen im Mobilisieren, Betreuen, Schulen von ehrenamtlichen Funktionären und Mitgliedern; er hat die Beschlußlage zu exekutieren und die Klientel kompromißlos auf die beschlossenen Forderungen einzuschwören. Das Holzschnittartige seines Auftretens auf den Appellplätzen der Arbeiterbewegung – gedankenarm und wortgewaltig –, ist ihm meist schon zur zweiten Natur geworden. Denn wenn er sich so wahrnähme und auch gäbe, wie er wirklich ist, könnte er seine in hohem Maße entfremdete Arbeit nicht tun, wie sie ihm seine streng hierarchisch aufgebaute Organisation abverlangt, 70 Wochenstunden – mickrige Bezahlung inklusive.

Er? Natürlich er. Der Gewerkschafter ist bis auf wenige Ausnahmen männlich. Frauen spielen in den Gewerkschaften nach wie vor eine marginale Rolle, was nicht zuletzt auch mit dem ehernen Traditionsbewußtsein der Organisationen zu tun hat. Ihr politisches Selbstbewußtsein speist sich im wesentlichen aus ihrer Vergangenheit, in der sie sich als männerbündelnde Schicksalsgemeinschaft einer im Elend zusammengeschweißten Arbeiterschaft zusammenfanden. Dieses Arbeitermilieu vermittelte Nestwärme, aber zugleich auch jene muffigen moralischen Wertvorstellungen der autoritären Gesellschaft, deren ganze Spießigkeit, Engstirnigkeit, Kleinkariertheit und Frauenfeindlichkeit. Apropos Frau: viele Gewerkschafter haben nicht mal zu Hause eine, bei der sie sich ausweinen können; vielfach haben sie keine *mehr*, denn lange hält es keine bei einem aus, der nahezu rund um die Uhr von einer Kreisdelegierten-, Bezirksdelegierten-, Angestelltenkonferenz zur nächsten Betriebs-, Orts-Fachgruppen-, AOK-Vertreterversammlung hechelt. Und wenn er dann hin und wieder Trost in einer kleinen Affäre mit einer Kollegin sucht, kann es ihm passieren, daß einer wie der legendäre Ex-Metallerchef Willi Bleicher dahinterkommt und die beiden in seinem kleinbürgerlichen Furor so lange bearbeitet, bis sie sich tränenreich trennen. Entsprechend traurig, gedrückt und verbissen schaut so ein Gewerkschafter gewöhnlich auch drein. Seine Umwelt interpretiert diesen Standardblick aber gerne als ernsthaft-entschlossenen Kampfeswillen.

Zeitgemäß am Gewerkschafter ist jene schizophrene Double-Bind-Situation, daß er eine Organisation repräsentieren, ja, verkörpern muß, die in ihrer gegenwärtigen Erscheinungsform alles andere als zeitgemäß ist. Ohne das unschmeichelhafte Epitheton »Dinosaurier des Industriezeitalters« kommt heutzutage kaum noch jemand aus, wenn er vom Zustand der deutschen Gewerkschaftsbewegung erzählt. Ungeniert stellt alle Welt die Frage, ob denn Gewerkschaften überhaupt noch zeitgemäß seien in einer Welt, da jede(r) motiviert, selbstbewußt und voller Arbeits-, respektive Selbstverwirklichungslust ohnehin nur noch das tut, was ihm/ihr Spaß macht und im Zweifelsfall lieber die Solidargemeinschaft ausbeutet, anstatt sich von einem dahergelaufenen Fabrikherrn ausbeuten zu lassen.

Solche Fragen bringen auch gestandene Gewerkschafter in schwerste Argumentationsnöte, weswegen sie einem durchaus Bedauern wie gleichzeitig Bewunderung ob ihrer Verdrängungsfertigkeiten abnötigen. Ihr ganzes Selbstbewußtsein speist sich nun einmal aus jenen archaischen Mustern kollektiver Erfahrung in der frühindustriellen Klassengemeinschaft, und sie werden auch nicht müde, auf rudimentäre Überbleibsel dieses Klassenwiderspruchs in der heutigen Gesellschaft hinzuweisen, auf ihre »Schutzfunktion« gegenüber jenen Beschäftigten, denen der Job alles andere als Lust, sondern Fron ist. Auf der anderen Seite können sie wiederum nicht umhin, die wenig bis gar nicht ausgeprägte Schutzbedürftigkeit jener modernen, selbstbewußten Arbeitnehmerschaft zu akzeptieren, weil sie ja immerhin zugeben müssen, daß immer mehr dieser potentiellen, vergeblich umworbenen Mitglieder lieber mit ihren ebenso modernen Chefs gemeinsame Sache machen als den Dinosauriern hinterherzutrotten. Jene sich individualisierende Arbeitnehmerschaft des »falschen Bewußtseins« zu zeihen, trauen sie sich indes auch nicht mehr so recht. Seit wenigen Jahren lautet daher ihr vielstimmiges Lippenbekenntnis, die Gewerkschaften müßten »moderner« werden. Aber wie bloß? Auch kein Arbeiterführer weit und breit, der sich noch traute, allen zu sagen, wo's langgeht.

Der »Double-Bind« kommt aber dann erst so richtig zum Tragen, wenn es 'rangeht an den altbösen Feind, den Arbeitgeber, den die IG Metall in ihrer Mitgliederzeitschrift bis vor kurzem noch stets als feisten Gesellen mit dem Homburger auf dem Kopf und der Havanna im Großmaul zu karikieren pflegte. Aber in einer individualisierten Gesellschaft, in der jeder »fun« hat, innerlich kündigt, wenn ihm etwas nicht paßt und sich seine eigene Lebens- und Berufsbiographie zusammenschreibt, anstatt, jenem stummen

Zwang des Milieus gehorchend, sein weiteres Schicksal in die Hände des Gewerkschaftssekretärs zu legen, ist auch dieser Typus des finsteren Frühkapitalisten nahezu ausgestorben. Die gut ausgebildeten Fachleute, die jener dringend braucht für den Betrieb, husten ihm was, wenn er ihnen nach alter Väter Sitte als machtvollkommener Firmenpatron entgegentritt.

Freund-Feind-Weltbild

Moderne Firmenchefs sagen, wie etwa der Geschäftsführer des Wagenbauers Mettler-Toledo, Johann Tikart: »Leistung darf nicht etwas sein, das die Menschen wie eine Last, wie eine Bürde, wie eine Bedrohung oder gar Ausbeutung empfinden, sondern Leistung muß als etwas verstanden werden, was die Menschen auf freiwilliger Basis erbringen, worauf sie stolz sind, wodurch sie Anerkennung finden, damit ihnen die Arbeit Spaß macht.«

Eben deswegen macht dem Gewerkschafter seine Arbeit eher weniger Spaß. Solche Philosophien widersprechen seinem Freund-Feind-Weltbild, auf das er letztlich angewiesen ist, um seine Existenz rechtfertigen zu können. Da aber der kodifizierte Arbeitskonflikt-Regelungsmechanismus hierzulande auf Kompromiß und Kooperation ausgerichtet ist, gestaltet sich auch der Umgang mit Arbeitgebern höchst widersprüchlich für Gewerkschafter. Einerseits redet er nach innen zu den Seinigen viel von Solidarität, Geschlossenheit, Gleichheit und davon, daß man es den Arbeitgebern ordentlich zeigen müsse, wenn sie es wagen sollten, die Lunte an den sozialen Frieden zu legen. Da werden die verbalen Folterinstrumente einer altertümlichen Konfliktrhetorik ausgepackt, vornehmlich auf Gewerkschaftstagen, zum 1. Mai, erst recht bei Arbeitskämpfen. Andererseits zwingen die Verhandlungsrituale und die Notwendigkeit zur Kompromißsuche zum kooperativen Handeln mit dem Gegner.

Diese Rolle, sowohl den ernstzunehmenden Kontrahenten, ausgestattet mit der klirrenden Wehr seiner streikbereiten Mitgliedschaft, als auch den Kooperationspartner der Arbeitgeber überzeugend zu »spielen«, konnte kein Gewerkschafter so ausgezeichnet ausfüllen wie Franz Steinkühler. Er konnte sich im Boss-Anzug über das unerträgliche Los der Arbeiterschaft ereifern und wirkte dabei so integer und glaubwürdig, als ob er im Blaumann vor der Bosch-Belegschaft spräche. Dann sind ihm allerdings während seiner ständigen Wanderungen zwischen den Welten die Maßstäbe etwas durcheinandergerutscht, ist ihm vielleicht auch ein Stück seiner eigenen Persönlichkeit hinter dem Rollenspiel abhanden gekommen. Jedenfalls hat er mit diesen unseligen Aktien-Insidergeschäften das Maß des für seine Metaller noch Erträglichen überschritten. Möglicherweise hat er manchmal an seinen gewerkschaftlichen Ziehvater Willi Bleicher gedacht: »Ein Gewerkschafter muß sich im Privatleben so verhalten, daß er von den Arbeitern, und zwar auch von den konservativen, akzeptiert wird; er darf alles tun und lassen, was Lohnabhängige tun und lassen könnten.« Das allerdings hat er in den sechziger Jahren gesagt, als noch keiner ahnte, in welchen kapitalistisch-korrupten Untiefen der deutsche Gewerkschaftsdampfer mit seinem gemeinwirtschaftlichen Unternehmensmanagement auf Grund laufen würde.

Wenn wenigstens »die« Lohnabhängigen noch täten, was ihnen in den Augen ihrer Gewerkschaft frommt. Pustekuchen! Die verhalten sich bisweilen noch paradoxer als etwa ein Franz Steinkühler. Da gab es ja erst kürzlich jenen – auch ganz und gar unzeitgemäßen – Streik in der bayerischen Metallindustrie. Da waren von den Gewerkschaftsfunktionären wieder die verbalen Messer gewetzt und den frech »Kompensationsgeschäfte« heischenden Arbeitgebern in den eh' schon schlaffen Leib gerammt worden! Was aber geschah hinter den Drohkulissen? Wir wissen von »bestreikten« Betrieben, die einen Großteil ihrer organisierten(!) Belegschaft nebst Maschinen und Material bei Nacht und Nebel in freistehende Werkhallen befreundeter Unternehmen ausgelagert haben. Und während ein paar Anstands-Streikposten vor dem Betrieb wachten, werkten die »streikenden« Gewerkschafter die zwei Wochen munter an geheimem Ort weiter, weil das Gerät ja bis zur Frühjahrsmesse fertig sein sollte.

Aber tun wir doch nicht so, als ob nur Gewerkschafter allein an ihrem speziellen Berufsschicksal so schwer trügen – was im übrigen gar nicht allen klar bewußt ist: Viele kämpfen arg- und ahnungslos und unverdrossen für die großartige Idee der Solidarität, Gerechtigkeit und Gleichheit, nicht bemerkend, wie wenig es ihnen gelingt, diese Idee noch »zeitgemäß 'rüberzubringen«. Ihr Los teilen sie aber mit Tausenden anderer Funktionäre, denen von Parteien, Amtskirchen, Industrie-, Wirtschafts- und Wohlfahrtsverbänden. Auch der Gewerkschafter gehört zur Nomenklatura jener Bannerträger der alten Strukturen, die Binsenweisheiten verbreiten, die zwar nicht restlos falsch sind, aber völlig irrelevant für die dringend anstehende Veränderung unserer erstarrenden Gesellschaft. Die Ausblendung von Problemen gehört nun mal zur Professionalität des Funktionärsgeschäfts. Aber wie lange wird diese Überlebenstechnik noch funktionieren? Wenn Sie mal, vielleicht am 1. Mai, einen Gewerkschafter treffen, sagen Sie ihm, er sei nicht allein.

Dagmar Deckstein

DIE MUTTER

Es wird einem im Leben nichts geschenkt, nur dies Leben wird einem geschenkt, wofür man zu zahlen hat, sein Leben lang, mit Blumen oder mit Konfekt. Nur kommt so billig selten einer weg; es rettete doch keinen, und nicht einmal, daß man täglich älter wird, und auch das Gedächtnis nachläßt, was manche mit Klugheit oder Reife schon verwechseln, bewahrte einen vor jenen eigentlichen Wucherzinsen, die einem abverlangt sind, Jahr und Jahr, und vor allem im Mai, diesem grausamsten Monat, wenn überall, in den Biergärten und auf den Wochenmärkten, die Kinderwagen, jene Terrorinstrumente gegen Arg- und Kinderlose, einen daran erinnern, wenn selbst die Natur, wo alles blüht und wird, einen gemahnt an den Fälligkeitstermin, nicht den einzigen, aber den zum Feiertag geheiligten Muttertag, Zahltag, da wieder einmal die Schuld abzutragen ist, zu tilgen doch kaum jemals: Dafür, daß man wurde, was man niemals sein wollte.

Wie willig entrichtete man seinen Tribut an sie, die Mütter, die Unvermeidlichen, die Unentbehrlichen und so Unerwünschten, sie haben es einem von Kindheit an nicht anders beigebracht: »Wenn du noch eine Mutter hast, so danke Gott und sei zufrieden, nicht jedem auf dem Erdenrund ist dieses große Glück beschieden.« Und man feiert doch auch sonst einiges, Weihnachten und Ostern und die Wiedervereinigung und sogar den eigenen Geburtstag, warum sollte man nicht jene feiern, die einen zu all dem verdammten, nur weil auch sie einst einer Vereinigung nicht widerstehen konnten, die Heroinen ihrer Hormone, die lieben Mütter, Muttis, Mamis, Erikas. Schon die Anrede ist ein Problem. Dennoch herzlichen Dank und einen Strauß Blumen, dafür, daß sie uns fürs Leben verdarben. Konfekt ist ja inzwischen ein wenig aus der Mode gekommen, seit auch Mütter eine Linie haben, auf die sie achten.

Nur wollen sie niemals sich begnügen mit den Blumen und nicht einmal mit dem schlechten Gewissen, das ihnen, auf Rosen und Nelken gebettet, frei Haus geliefert wird, das man sogar im Gesicht tragen wollte. Es pilgern doch gerade die notorischen Mütterhasserinnen zu jenem Fest ins mütterliche Heim, die Mütterhasser sind noch ein anderer Fall, denn es gibt die ganze Welt der Mütter, und es gibt die Mütter von Söhnen.

Späte Rache

Was sie verlangen, ist Liebe, und sonst gar nichts, niemals aber die Liebe, die man zu geben bereit und in der Lage wäre. »Ich liebe sie auf meine Weise«, heißt es bei Brecht, »aber sie wollte auf die ihre geliebt werden.« Wobei sie niemals so genau zu sagen wüßten, was diese ist, ihre Weise, weswegen sie niemals genug geliebt werden können, niemals richtig, jene, und von denen ist hier ja die Rede, denen die Liebe eine Hauptbeschäftigung ist, ihre besondere Begabung und ihre einzige Freude, denn so haben sie es von ihren Müttern gelernt und fühlten sich für die anderen Freuden inzwischen ein wenig zu alt. Vielleicht hätten auch sie selber, manche von ihnen, einst darauf verzichten können, auf diese Liebe, die manchmal diesen Namen kaum verdient, die ihnen aber die Natur abverlangt, die ihre Natur eigentlich ist: »O Mutterherz, wie unergründlich tief ist deine Liebe«, dichteten ehedem die Blumenhändler.

Denn es ist die Mutterliebe, jener besondere Fall, daß ein Wesen nicht um seiner Eigenschaft willen geliebt werde, sondern aufgrund der puren Tatsache seiner Existenz. Dafür rächen sie sich, die Mütter, indem sie ihren Kindern, was Eigenschaften, sogar Eigenheiten hätten werden können, rechtzeitig austreiben. Sie müßten dabei nicht einmal so weit gehen wie jene Mutter, die sich mittels Polycolor zu einem blauschwarzbehaarten Sohn verhalf und ihre pubertierende Tochter in jene damals, in Folge einer Fernsehshow namens »Wünsch dir was« in Mode gekommenen durchsichtigen Blusen zwang, wovon diese einen dauerhaften Haltungsschaden erlitt.

Dafür rächen sich die Mütter in späteren Jahren, indem sie die Wirklichkeit noch immer souverän verachten, all das, wozu man, dank oder trotz ihrer Anstrengungen, dennoch wurde. Niemals aber könnte man ihrem Ideal entsprechen, sogar wenn man die Erwartungen übertraf, und jene sich inzwischen die Leistungen ihrer Kinder wie einst das Mutterkreuz an die Brust heften –, nur um sie dafür büßen zu lassen mit ihren Fragen »Arbeitest du nicht zuviel?« und »Geht es dir wirklich gut?« Die man sich aus der Müttersprache zu übersetzen hat in »Warum besuchst du mich so selten?« und »Wie siehst du denn aus?« Und dabei rupfen und zupfen sie stets ein wenig an der neuen Bluse, dem neuen Rock, den man eigens für sie angezogen hat, in der Hoffnung, einmal nur der Mutter zu gefallen, für die man stets zu düster, zu modisch oder zu wenig nach der Mode gekleidet war. Und ihr Kommentar wird lauten: »Weißt du, Rot trägt eigentlich immer ein wenig auf.«

Gnadenlose Märtyrerinnen

Niemals wagten sie, sich einzumischen, in Fragen der Konfektion oder des Lebens, niemals beklagten sie sich, dafür drängten sie sich noch in die geheimsten Gedanken. Gnadenlose Märtyrerinnen, die ihre besseren Möglichkeiten, von denen sie vielleicht nicht einmal etwas ahnten, opferten, die sich niemals etwas gönnten, weil sie alles ihrem Kinde gönnten, dem sie ihr Leben opferten, damit es seines niemals genießen kann. Natürlich kränkeln sie seit Jahren schon, aber das Altersheim ist doch viel zu teuer, und außerdem können sie noch gut für sich selber sorgen, damit man von nun an minütlich mit jenem Anruf rechnet, von der Polizei oder aus der Unfallstation, um ans Krankenbett zu eilen – natürlich wollen sie niemals besucht werden –, wo sie einem mit ihrer neuen künstlichen Hüfte und den frisch gestählten Dauerwellen entgegenlächeln, ihr Dulderinnenlächeln, ihr gütiges Mütterlächeln, das sie stets aufsetzten, wenn sie einem verziehen, was sie einem gerade wieder antaten.

Vielleicht kennen auch sie Reue oder sie haben das *Drama des begabten Kindes* gelesen oder wenigstens davon gehört, weshalb sie einem nun ihre Liebe nachtragen, ihre selbstlose, reine Liebe, mit der sie einen sogar noch um die Gelegenheit betrügen, sie endlich einmal, nach all den Jahren des Schattenboxens, wirklich zu bekämpfen; ihre demütige, unerwünschte Liebe, die sie einem vor die Füße legen, wenn man sie am wenigsten gebrauchen kann, weil man dieser Liebe wegen jahrelang auf der Couch des Psychoanalytikers lag. Sie nähren ja diesen ganzen Berufsstand, und am Ende liegt man doch nur wieder auf Mutters Schonbezügen.

Man entkommt ihnen doch niemals, den Schattengestalten, niemals dem großen grauen Reich der Muttis. Vielleicht leistet man sich inzwischen neben dem Therapeuten eine Putzfrau und einen Steuerberater, welche man dafür bezahlt, daß man endlich Kind sein darf, und genießt dabei das heimliche Vergnügen, daß man erwachsen genug ist, sie dafür zu bezahlen. Man hat Freunde, die es gelassen ertragen, daß man sich weinend auf ihren Teppich wirft, die trösten und raten und einem die Beichte abnehmen, all die geflüsterten Geständnisse: »Auch ich habe sie gehaßt, sie war die Pest.«

Und vielleicht wollte man gerade sich überzeugen, daß man nun endlich gefeit sei gegen den Müttermythos. Männer vor allem neigen dazu, ihren Müttern dafür, daß sie ihnen ihre Neurosen verdankten, die schönsten Denkmäler zu setzen in Kunst und Literatur. Aber auch die Pest glaubte man besiegt, und sie kehrte zurück. Und wie sich schützen gegen jene Wiedergängerinnen, jüngsten Müttermaterialisationen, die alles besser machen wollen als ihre Mütter. Niemals würden sie ihre Kinder strafen, weswegen sie mit diesen ihre Umgebung strafen, ihre Männer zuallererst, die sie in Schwangerschaftskurse zwingen, damit sie das Pressen üben. Es gibt sogar den Fall einer Mutter, die ihren 14jährigen Sohn zwang, die Geburt seiner jüngsten Schwester photographisch zu begleiten. Wie sich wehren gegen diese Mütter, die das Muttersein noch immer als Vollzeitbeschäftigung betreiben, doch niemals mehr zu Hause allein, sondern in den Restaurants und den Cafés, wo sie einem zwar seltener den Anblick der Farbe Lila, doch immer den ihrer entblößten Brüste, dazu den Geruch säuerlich erbrochener Milch vergönnen und mit schlimmeren Vergeltungsmaßnahmen noch drohen, versuchte man nur die Stimme zu erheben gegen die akustischen Attacken ihrer Lieblinge.

Ihren kleinen Erwachsenen erklären sie früh, daß der Muttertag zwar eine Erfindung der Amerikaner sei, schlimm genug, aber vor allem von den Nazis gepflegt wurde, daß Mutter daher alle Geschenke ablehne, und sie sind nur ein wenig enttäuscht, wenn das uneinsichtige Kind Mutters Weigerung, ihm die Schuhe zuzubinden, niederbrüllt: »Du bist die blödeste Mutter vom ganzen Muttertag.« Stets aber sehen sie etwas verächtlich herab, auf jene anderen, die ihren Beruf nicht nur als Intermezzo auf dem Weg zu ihrer eigentlichen Bestimmung begriffen, die Kindermädchen beschäftigen und sogar zu gestehen wagten, daß sie sich mit ihren Kindern gelegentlich langweilten. Niemals könnte ihnen dies widerfahren, die sie ihren Beruf opferten, um morgens ihr Einzelkind zum Schulbus zu fahren, an der Haltestelle eine Viertelstunde im Regen mit ihm zu warten. Die Autofahrt dauerte fünf Minuten, könnte aber zu Kontaktstörungen führen. Früher, früher einmal gab man Kinder an Dienstboten ab, um sie am Mittag eine halbe Stunde zu empfangen und vielleicht noch einmal vor dem Abendessen, aber früher führte man auch Kriege, oder man widmete sich der Liebe.

Es gibt sie noch, die Enklaven im Mutterland, im friedfertigen Land der Vollwertmütter, jene Zonen, die noch nicht von der fortschreitenden Infantilisierung befallen sind, doch sie werden immer seltener. Und nicht einmal, daß man zur Kinderlosigkeit sich entschied, schützte einen, es entgeht doch keine ihrem Schicksal, solange es Männer gibt. Männer, denen man zwar vielleicht nicht sofort abverlangte, daß sie ihre Wäsche vorbeibringen, wofür man sich, wenn sie es endlich tun, auf ewig rächen kann, denen man aber, auch wenn sie sich nur auf einen Kurzbesuch einstellten, noch einen Kaffee ans Bett servieren kann.

Nie sein wie sie

Niemals, das hat man sich geschworen, wollte man konkurrieren mit den Müttern, mit den eigenen ohnedies nicht und niemals mit jenen eigentlichen Schreckensherrscherinnen, den Männermüttern, Woody-Allenschen Gespenstern, auch nicht mit der allzu irdischen Erscheinung, die einem gelegentlich begegnete in einem Einfamilienhaus im Fränkischen, dessen Badezimmer sie stets zu putzen pflegte, nachdem man es benutzte. Oder jener andren, nur aus Erzählungen vertraut, die den Chefredakteur ihres Sohnes aufsuchte, um sich nach dem Fortkommen ihres »Männlein« zu erkundigen. Und niemals würde einem widerfahren, was einer Freundin geschah, die ein Telephonat ihres Lebensgefährten mit einem gewissen »Mäuschen« erlauschte, welches ihr wenig später als dessen Mutter vorgestellt wurde, woraufhin sie ihn, nicht sofort, verließ, um sich erneut zu verlieben. Nach drei Monaten erfuhr sie, daß er seine Mutter »Maus« nannte und seit siebzehn Jahren verheiratet war.

Niemals würde einem dies geschehen, niemals wollte man sein wie sie, die Mütter oder ihre Metamorphosen, die Ehefrauen, die sich stets drängelten in die Gespräche und die Küsse und sogar in die Betten und die einem selber nur die Besucherritze ließen, statt dessen lieber die morgendlichen Süßigkeiten mit nächtlichen Terrorakten vergelten, daß man nicht genug geliebt werde oder nicht richtig, daß auch er eine Mutter habe. Worauf seine Antwort nur lauten kann: »Ich gehe zurück zu meiner Mutter.«

Annette Meyhöfer

DER PRIESTER

Handke hat ihn eingeführt; er gehört zu den Freunden, die in seinem Buch *Mein Jahr in der Niemandsbucht* die Welt erkunden: der Pfarrer von Rinkolach, der katholische Priester aus Kärnten, den religiöse Alpträume plagen, der mit seinem Papst hadert, der sich an sein Kindheitstrauma und an seine Berufung erinnert. Jetzt steht er vor uns. Gut, daß Handkes Kleriker im Gegensatz zu den meisten seiner Kollegen noch den traditionellen schmal-weißen Halskragen trägt.

In der vorkonziliaren Zeit war er besonders in Süd- und Westdeutschland eine vertraute Gestalt: der Mann in Schwarz, der sich von den anderen Herrn unterschied, der sich ausgegrenzt hatte. Man konnte ihm vertrauen. In Köln hörten es die alleinreisenden Damen. Wenn du einen Geistlichen im Restaurant siehst, rasch hineingehen! Hier wirst du nicht belästigt, nicht angepöbelt. Und das Essen ist gut bis vorzüglich. Vergangene Zeiten. Der Priester verschwand aus dem Straßenbild. Nicht nur wegen der bekannten Nachwuchssorgen. Auch der Clericus, den es noch gibt, wurde zum Cives. Bitte, weniger Distanz! Wenn heute eine junge Dame sich in der religiösen Akademie einen Abend lang mit einem Herrn im rotbraunen Zivilanzug unterhält, wird sie am nächsten Tag überrascht. Der Herr ist Franziskaner, Professor für Moraltheologie. Sein Vortrag trieft von Weltoffenheit. Obacht, ob da nicht doch ein jesuitischer Pferdefuß am Boden scharrt. Zur höheren Ehre Gottes natürlich.

Da gehen wir lieber zurück zu den abendländischen Urmönchen, den Benediktinern. Die haben noch die alten Kutten an. Nun ist leider Heinrich Böll fällig. Er mißtraute auch ihnen und wußte über die bräunliche Vergangenheit auch schöner Klöster Bescheid. (Es gab immer auch andere Mönche und Priester. Aber das ist ein langes Kapitel, ein allzuweites Feld.) Der Katholik Böll sah mit verletzter Seele den publicitysüchtigen, mediengeilen Prälaten der Nachkriegszeit. Er kannte den rheinischen Klüngel und dessen Seelsorger.

Sehnte sich der Leser damals nach der anderen Seite der Medaille? Rasch hilft Giovannni Guareschi. Im schönen provinziellen Italien bringt der wackere Pfarrer Don Camillo alles unter einen Hut. Die Sünde hassen, den Sünder lieben. Dies Wort des Kirchenlehrers Augustinus wird frei übersetzt: den Kommunismus verwerfen, aber mit dem Kommunisten Peppone auskommen. Zum Amüsement des Publikums. Das ist verfilmbar. Wer das Leben eines Pasolini kennt, weiß, wie anders sich die italienische Geistlichkeit in der ideologischen Auseinandersetzung verhalten konnte.

Der katholische Priester ist interessant, schon weil er so viel an Erinnerungen mit sich herumschleppt. Einen leibhaftigen Geistlichen kennt der Medienkonsument vielleicht nur vom *Wort zum Sonntag*. Aber die alten kulturellen Assoziationen wirken. Wem schaudert es nicht vor der Priestermacht (Hört her, ihr noch verbliebenen Liberalen!), die schon im alten Ägypten den *Aida*-Feldherrn erzittern ließ. Verdi, dessen Radames tenoral verzweifelt »Sacerdote« schreit, dachte nicht an die Verehrer ägyptischer Gottheiten. Er kannte die Agenten des römischen Papstes. Im Gegensatz dazu Mozart. Sein Isis- und Osiris-Priester, sein Sarastro war kein Abbild des Fürstbischofs von Salzburg, sondern eine schöne (freimaurerische) Projektion.

Unheimlichkeit und Macht

Es lebe der ethische Extremismus: Der Priester ist gütig wie der Franziskanerpater Lorenzo in Shakespeares *Romeo und Julia*, der den Liebenden hilft und in seinem Kräutergärtlein eine idyllische Gegenwelt zu der veronesischen Brutalität schafft. Oder er ist so abgrundtief böse wie der Dominikanerpater Domingo in Schillers *Don Carlos*: »Toledo! Ihr seid ein Mann. Schützt mich vor diesem Priester!« Daß der *Mann*, der Herzog von Alba, um keinen Deut besser war als der Mönch, stört nicht. Hauptsächlich der Priester ist als Nicht-Mann klassifiziert.

Der Zölibat unterscheidet den katholischen Priester, ganz gleich ob er Ordensmann oder Weltgeistlicher ist, von seinem evangelischen Kollegen, der als Pastor oder als Theologe seines Amtes waltet. Das Sichabheben von der Geschlechterfolge machte den Katholiken unheimlich. Dazu kommt die Macht des Sakralen. In der Messe nennt man es die Wandlung, die Transsubstantiation. Der Priester kann Gott in das Brot und den Wein hineinzwingen. Der Religionssoziologe weiß es: Längst denken die alten Frauen in der Sechs-Uhr-Messe das alles nicht mehr so streng zu Ende. Auch die Gebildeten sprechen lieber über die Liturgie oder über die neuen Formen der gegenwartsbezogenen Frömmigkeit: Sinnorientierung auch für Heranwachsende. Nur irgend etwas von dem alten Schauer, von der alten Aura ist zurückgeblieben, wirkt belastend. Die Geschichte wirkt. Da können die christlichen Stiefbrüder nicht mithalten. Kein protestantischer Hauptpastor, so böse er auch sein mag, kann zum harten Inquisitor werden. Lessing verwandelte einen solchen in einen Patriarchen, in den Todfeind des weisen Nathan. Aber trotz aller schlimmen Sätze fehlt der Geruch des ganz Unheimlichen.

Das positive Gegenbild: die Priester, die ihr Herz auf dem rechten Fleck hatten: der Kapuziner, der in *Wallensteins Lager* die Verbrechen der Soldaten schildert. Jener frohe Pfarrer in Bingen, der am St.-Rochus-Fest Gott preist, weil er ihm eine außerordentliche Trinkfestigkeit verliehen hat. Goethe hat ihn geschildert. Ein Stück Nostalgie. Ist die Welt dort in Ordnung, wo der Priester gemütlich ist? Keine Glaubenszweifel, keine Glaubensdiskussionen, sondern der Humpen und/-oder die hübsche Durchtriebenheit. Man kennt doch die bierbrauenden und weinkostenden Klosterbrüder des neunzehnten Jahrhunderts (Eduard von Grützners schööööne Bilder!). Aber schon hebt sich wieder das Niveau, schon naht aus London Gilbert Keith Chesterton und sein untadelig schlichter Father Brown, der metaphysisch denkende Detektiv. Ein etwas Fremder in der anglikanischen Welt. Sein Tun wird von seinem Bischof mißbilligt. Wie gut! Der Außenseiter-Priester ist gefragt. Er kann zum Schnapspriester werden (mit Metaphysik bei Graham Greene; ohne Metaphysik als Feldkurat Katz im *Schweyck*). Viel süßer freilich als der Wein schmeckt die Liebe. Die brennenden Augen der Tegernseer Mönche, die voll Kummer und voll Wonnen an die Sennerinnen denken. O ihr Dornenvögel allerorts!

Wie lebt man mit solchen Bildern? Längst bevor sie Zivil anlegten, hatten sich die Priester ein bißchen zurückgezogen. Sie nannten sich Kleriker, Geistliche. Wo das biedere Volk Autorität nötig hatte, auch Hochwürden. Was wäre ohne ihn unser Volkstheater? (Übrigens den Witz mit dem Paravent und der Haushälterin kennen Sie doch? Ha! Ha!)

Bilder über Bilder. Und durch sie hindurch nimmt man Realität wahr. Man will doch alles haben. Den Kardinal Großinquisitor nehmen wir in Joseph Ratzinger wahr. Und der Mönch Luther, der um Rechtfertigung ringt, heißt jetzt

Hans Küng. Vielleicht auch Eugen Drewermann, wenngleich man in seinem strengen Gesicht einen Hauch Savonarola gewahrt. Was sind Scheingefechte, was Glaubenserneuerungen, was Illusionen? Keine Illusion: Der Bischof Jacques Gaillot, der um seiner Liberalität willen entmachtet wurde. Keine Illusion: Der Dominikaner Basilius Streithofen, der die alte, starre Ordnung mit dazugehörigen Vorurteilen zu erneuern versucht.

Das sind Extreme. Was liegt dazwischen? Die liebe Not der leeren Kirchen. Und die tapferen Versuche, modern zu sein. Zuerst spielte der Kaplan Fußball. Man will schließlich nicht so sein. Dann griff man munter die Themen der Grünen auf, verzierte deren Thesen mit Bibelsprüchen. Der Priester erfand neue, ungeheuer gutgemeinte Meßtexte. Die Spiritualität kam auf; sie verbindet die Weltreligionen. Der Benediktinerpater lehrt uns den Buddhismus. Alles wird geboten. Der Pfarrer, der die Katzen oder die Dritte Welt schützt. Der unzufriedene Priester, der unzufriedene Christen sucht. Was immer du willst, du kannst es bei weltoffenen und weltverschlossenen Klerikern finden.

Wo die Wirklichkeit nicht ausreicht, greift das Fernsehen ein. Günter Strack, Klaus Wennemann spielen uns die menschenfreundlichen Geistlichen vor. Sie sind ganz anders als der Papst, ganz anders als Drewermann. Sie wollen uns zurückführen in die Welt, wo der Priester ein guter Mann war, der den lieben Gott einen guten Mann sein ließ. Das nützt den Einschaltquoten, aber steigert nicht den Kirchenbesuch.

Elisabeth Endres

DIE PRIMADONNA

Samtrot lockt der Schlund, ein leuchtendes Oval, Himmelspforte und Höllentor zugleich. Das Klima im Inneren ist feucht. Ein sanguinisches Kraftwerk aus Schleimhaut, Drüsen und Fettgewebe tut sich auf, zu jedem erdenklichen (Liebes-)Akt bereit. Das also ist das Kapital der Primadonna. Zwei blaßrosa Muskelchen am Rachenausgang, denen eine jahrhundertealte Vergötzung bis heute Magie zumißt und sirenenhafte Sinnlichheit. Mal spannen sie sich zu einem straffen, spitzwinkeligen Dreieck, mal zu einer runden dicken Wulst, mal öffnen sie sich weit, mal sind sie hart aufeinandergepreßt – keine Erregung, kein einziger dramatischer Affekt, vor dem die Kunstfertigkeit der weiblichen Stimmlippen versagte. Stimmlippen aber gehören zu den sekundären Geschlechtsmerkmalen: Die Primadonna als gurgelnde Porno-Queen?

Singen ist von jeher »Atem, Wind, Heiliger Geist« – intimster und kunstvollster menschlicher Ausdruck zugleich: Musik der Seele. Insofern ist das Geschäft mit der klingenden Prostitution immer auch von ganz besonderer Grausamkeit gewesen. Je schriller die Triller, je halsbrecherischer die Fiorituren, desto erbitterter der Konkurrenzkampf auf der Bühne, desto bestechlicher die Claqueure und Agenten. Und wenn die Intrigengespinste und Verbalinjurien mal nicht die gewünschte Wirkung zeigten, dann wurden die erlauchten Primadonnen selbst handgreiflich: Als Francesca Cuzzoni und Faustina Bordoni – die beiden Ersten Damen vom Londoner Haymarket, wahre Weltstars des barocken Establishments – 1727 in einer Heldenoper von Bononcini gemeinsam auftreten sollten, bissen, kratzten und schlugen sie so lange aufeinander ein (noch bevor ein einziger Ton Musik erklingen konnte!), bis schließlich beide blutend von der Bühne wankten.

Um Kunst kann es ihnen nicht sonderlich zu tun gewesen sein. Von Kunst ist überhaupt auffallend wenig die Rede, wenn es um die *primadonne assolute e sole* geht, jene allerersten Sängerinnen mit den gewichtigsten Rollen, die der Welt so bereitwillig zum Inbegriff, ja zum Klischee extravaganter Weiblichkeit wurden. Gesang verklingt, Musik zergeht, Stücke, Arien, ganze Komponisten verschwinden oft frühzeitig wieder in der Versenkung. Was im kulturellen Gedächtnis haften bleibt, ist das Leben dieser Damen: Ihre vermeintlichen oder auch tatsächlichen Skandale, Launen, Capricen und Allüren, zumeist von älteren Herren in onkelhaftjovialem Ton dargeboten – sozusagen unter vorgehaltener Hand, wie wohl absolutistische Herrscher einst über ihre Lieblingskurtisanen schäkerten. Da spinnt sich Anekdote an Anekdote, häufen sich die Histörchen, oft bis zur Unkenntlichkeit verwechselbar. Mit seriöser Biographieschreibung haben diese Trivialitäten nichts im Sinn. Und genau deswegen sind sie auch so unterhaltsam.

Im postmodernen Zeitalter der »Primadonna ohne Starallüren« freilich geht den Musikklatschreportern zusehends der Stoff aus. Was will man einer Montserrat Caballé, die von sich behauptet, sie sei »ein stinknormaler Mensch«, schon Pikantes andichten? Was einer Freni außer ihrer legendären »Milchbruder(!)schaft« mit Luciano Pavarotti – die beiden sollen 1935 in Modena tatsächlich von ein und derselben Amme gesäugt worden sein ... Na ja, immerhin. Noch ein bißchen langweiliger, blasser, durchschnittlicher hingegen scheint es in den Wohnzimmern von Marilyn Horne, Kiri te Kanawa oder Edita Gruberova zuzugehen.

Nichts, aber auch gar nichts, was auch nur entfernt an eine Henriette Sontag erinnern würde, die sich vor jedem Auftritt mit riesigen Mengen heißer Maroni vollschlug und ihren Kehlkopf noch zu Lebzeiten einem berühmten Anatomen vermachte. Wo sich selbst Cecilia Bartoli (die Jüngste unter den Lebenden und ein Koloratur-*Mezzo*!) längst nicht mehr zur Preisgabe von Pasta-Rezepten oder Sportwagen-Träumen hinreißen läßt, sondern über Musik sprechen will, da wähnt sich die Welt ärmer – und natürlich seriöser.

Bei Händel fing es an

Letzte Ausnahmen bestätigen auch hier nur die Regel. Agnes Baltsa zum Beispiel, die in einem Fernsehinterview verkündete, ihre Stimme sei nicht mit Geld aufzuwiegen (und also mit keiner noch so hohen Gage, wodurch sie dem historischen Primadonnen-Phänotyp in der Tat sehr nahe kommt), oder Kathleen Battle, die bei Zugwind in ihrer Limousine nicht etwa kurz an die Glasscheibe tippt, sondern zum Handy greift und den Butler instruiert, der dann seinerseits per Telephon den seit mehreren Minuten ahnungslosen Chauffeur von besagtem Mißstand in Kenntnis setzt. Inwieweit derlei Überspanntheiten mit den Höhenflügen der jeweiligen Kunst in Relation stehen? Nun, wer wüßte nicht um die hypochondrischen Ängste professioneller Sängerinnen, um ihren ständigen Kampf gegen Erkältung, Überanstrengung und andere böse Fallen drohender Indisposition. »Ich werde immer und überall so schwierig als nötig sein, um das Beste zu erreichen«, hat Maria Callas einmal gesagt. Das klingt doch ganz vernünftig.

Das »Beste« allerdings ist ominös und in der Gesangskunst stets außerordentlich schwer kalkulierbar. Das fing bei Händel an, der seinen Londoner Primadonnen mit ziemlich germanischen Methoden so etwas wie Notentexttreue einbleuen wollte, und das hört heute bei Fragen historischer Aufführungspraxis gerade im *settecento*-Repertoire noch lange nicht auf. Mit den Jahrhunderten gewann der »Werkbegriff« geradezu magnetisch an Macht und Bedeutung, größtmögliche Authentizität im Umgang mit den überlieferten Denkmälern der Tonkunst war gefordert. Dem Autor wurde Omnipotenz zuerkannt, der Primadonna aller selbstherrlicher Verzierungsunrat buchstäblich vom Munde abgespart. Keine unmotivierten Schluchzer mehr, keine kraftmeiernden Fermaten, keine ungeschriebenen Koloraturen: Die Musik ist erst einmal dingfest gemacht.

Durch diese ästhetische Hintertür avancierten die Primadonnen zu wahrhaft erhabenen Priesterinnen der Kunst, zu den begehrtesten und dienstfertigsten Medien der patriarchalischen Gesellschaft. Sie sangen nun nicht länger selbst, sondern ES sang durch sie hindurch. ES: das Göttliche, das Ewige, das »Urwissen der Menschheit«. Eine schöne Aufgabe, eine Frage der Ehre. Dabei verloren SIE zwar einige Haare auf den Zähnen und mußten ihre Heroinenleiber in smarte Mannequin-Silhouetten pressen, machten aber zugleich auch jede Menge gute Partien: Maria Jeritza ehelichte den Regenschirmfabrikanten Baron von Popper, Julia Culp den Teppichgroßhändler Baron von Ginsky, Cläre Dux den Corned-Beef-Millionär Charles H. Swift. Die Primadonna wird richtig gesellschaftsfähig, eingemeindet in ein System, das sich in ihrer Kunst spiegelt und wohl gefällt. Symbiose paradox?

Eindeutige, verläßliche Identifikationsmuster hat es für das echte Fan-Publikum ohnehin nie gegeben. Mußten sich die Ur-Primadonnen um Stimmfach, Rang und Gage noch mit der zwielichtigen Kastraten-Konkurrenz herumbalgen, legten die späteren Hosenrollen-Primadonnen oft nicht einmal vor ausgewachsenen Tenor-Partien den nötigen Respekt an den Tag: »Madame Malibran hat die Rolle des Otello gespielt und die Schröder-Devrient die Desdemona. Die Malibran ist klein, die Deutsche riesenhaft. Man meinte, die Deutsche würde den Otello erdrosseln«, berichtete Frédéric Chopin 1830 aus Paris. Auch Belmonte, Tamino oder Titus wurden damals gelegentlich mit Damenprominenz besetzt: Eine Verwirrung der Geschlechter, die das antinaturalistische Grundgesetz der Oper radikal unterstreicht. Erlaubt ist nicht etwa, was sich biologisch-natürlich oder sonstwie ziemt, erlaubt ist, was ästhetisch gefällt, was reizt oder provoziert, inspiriert und berührt.

In Maria Callas, der *Assolutissima* unseres Jahrhunderts, scheinen sämtliche Nervenstränge der Primadonnen-Physiologie gebündelt bloßzuliegen. Eine fast schon tragische Art der Selbststilisierung (ihr Pudel »Toy« saß in vielen Opernhäusern dieser Welt auf den Proben mit dabei!) gehört ebenso dazu wie ihre verhängnisvolle Affäre mit dem griechischen Tanker-Playboy Aristoteles Onassis oder ihr durchaus erfolgreiches Kolleginnen-*Mobbing* – immerhin erklärte Renata Tebaldi einst unter Tränen, sie werde Mailand samt der Scala nie wieder betreten, wenn die Callas-Claque ihr noch einmal Radieschen auf die Bühne würfe … Maria Callas verkehrte in den Kreisen des europäischen Hochadels und wechselte sich auf den Titelseiten der Illustrierten umstandslos mit den Filmdiven ihrer Zeit ab, mit Romy Schneider, Marilyn Monroe oder Simone Signoret. Sie war wie diese eine Ikone des anderen, des besseren Lebens, eine Kultfigur, ein lebendiger Mythos, hinter dem der Mensch sehr rasch wie hinter einer gläsernen Wand verschwunden war.

Indem die Musikwelt der Sängerin Callas das vermeintlich höchste Lob aussprach und behauptete, sie hätte ihre Rollen nicht dargestellt, sondern verkörpert, sie spiele nicht *Tosca Medea Lucia*, sondern sie sei *Tosca Medea Lucia*, wurde jüngst einmal mehr das Medium auf den hohen Primadonnen-Thron gehievt. Dort hockt es nun – ein begehrenswert schönes Geschöpf, allzeit bereit, sich jedem Werk und jedem Schöpfer willig hinzugeben. Maria Callas hat verschiedentlich versucht, diesem zuhälterischen Druck, diesem »Frauenschicksal« zu entfliehen, meist vergebens und letztlich immer auf Kosten ihrer Stimme. Ein Organ verweigert sich. Es wird hart und ungefügig, kein Schauer jagt es mehr. Auch morgen wird es sich noch treu geblieben sein.

Christine Lemke

DER MANAGER

Der erste Manager war Sklave. Er führte seinem Herrn die Bücher, organisierte die Arbeit auf den Latifundien, scheuchte die Untersklaven übers Feld und spionierte in der Gesellschaft. Er erstattete Rapport nach oben, übte Kontrolle aus nach unten; er war der Knecht des Herrn und zugleich Herr der Knechte. Er war noch nicht Person, aber im Glücksfall auch nicht mehr Gegenstand: Sklaven wurden geduzt wie Kinder, sie hatten eine Seele, und eine Lunge wie die Tiere. Möglicherweise hatte der Managersklave Angst vor seinem Herrn, wahrscheinlich zog er die Angst der Knechte auf sich und bannte sie zugleich; er war in der Gewalt des Herrn nicht selten von Geburt, in jedem Falle aber bis zu Freikauf oder Tod. Vielleicht hat er sich selbst verkauft; manche taten das, um nicht zu verhungern, manche aus Ehrgeiz. Der reiche Pallas, selbst einer arkadischen Adelsfamilie entstammend, verkaufte sich – so berichtet Paul Veyne in der *Geschichte des privaten Lebens* – in die Sklaverei, »um Gutsverwalter bei einer Dame aus der kaiserlichen Familie zu werden, und stieg dann zum Finanzminister und zur grauen Eminenz unter Kaiser Claudius auf«. Die größte Handlungsfreiheit also, unter Verzicht auf die eine, auf die es schließlich ankommt: über sein Leben zu verfügen.

Das rächt sich. Der Titel »Manager« ist aus dem Englischen entlehnt, die »Managerkrankheit« allerdings eine ganz hiesige Erfahrung: »volkstüml. Bezeichnung«, so der *Meyers* von 1975, »für eine Erkrankung hpts. d. Herz-Kreislauf-Systems infolge dauernder körperl. und seelischer Überbeanspruchung u. dadurch verursachter vegetativer Störungen«. Wir erinnern uns an die Achtziger-Jahre-Konjunktur von Kurkliniken für Manager, an Fallschirmkurse und solche für das Überleben auch im Regenwald, an Schulungen des Intellekts, der Mitarbeiterführung und des Selbstbewußtseins, an Buddhismus fürs Gemüt, Moorbäder für das Sitzfleisch und Entziehungskuren für die Whiskytrinker, an all diese probaten Mittelchen, die Klasse der andauernd Überbeanspruchten wieder gefechtsfähig zu machen. Was wird denn da beansprucht?

Der Manager besitzt nicht. Er ist, sagt wiederum das Lexikon, eine »unternehmerische Persönlichkeit, die meist keinen rechtlichen Anteil am Unternehmenskapital hat, jedoch weitgehende Verfügungsgewalt und Entscheidungsbefugnis besitzt«. Seine Existenz ist also nicht an den Kapitalismus gebunden, sondern nur an Besitzverhältnisse, die Mehrung und Sicherung erfordern und zu komplex geworden sind, als daß der Eigentümer noch ihrer Sorge tragen wollte. Zu verwalten, zu leiten und zu lenken gibt es überall. In Afrikaans klingt das noch schöner: »bestuur, regeer, beheer, hanteer, behandel, regkom, klaarkom, bedissel, beredder«.

Klaarkom, bedissel: Ein Manager der grundsoliden Art, sehr fleißig und bescheiden, krank und überfordert, ist schon Herr Friedrich Wilhelm Marcus, der Sozius des Thomas Buddenbrook. »Im Laufe der Jahre hatte seine Pedanterie zugenommen und war zur vollständigen Wunderlichkeit geworden. Er brauchte eine Viertelstunde, um sich, unter Schnurrbartstreichen, Räuspern und bedächtigen Seitenblicken, eine Zigarre anzuschneiden und die Spitze in seinen Geldbeutel zu versenken. Des Abends, wenn die Gaslampen jeden Winkel des Kontors taghell erleuchteten, unterließ er es niemals, noch eine brennende

Stearinkerze auf sein Pult zu stellen. Nach jeder halben Stunde erhob er sich, um sich zur Wasserleitung zu begeben und seinen Kopf zu begießen. Eines Vormittags lag unordentlicherweise ein leerer Getreidesack unter seinem Pult, den er für eine Katze hielt und zum Gaudium des gesamten Personals unter lauten Verwünschungen zu verjagen suchte ...«

Reichlich krank

Herr Marcus besitzt nichts als Loyalität und Arbeitskraft, und letztere kommt ihm mählich abhanden, dafür gewinnt er Gesichte. Das geringe Kapital, mit dem er pro forma an der Firma beteiligt ist, hat ihn keineswegs zum Unternehmer gemacht; im Gegenteil kann er den schleppenden Gang der Geschäfte nicht durch Frische, Wagnis, Ideenreichtum neu beleben: zu lange war er der Bewahrende, der Buchhalter, der Verwalter des ohnehin Geschehenden. Und, protestantisch wie er ist, gäbe es für ihn kein größeres Verbrechen, als eben jenes Kapital zu riskieren, dessen Obsorge ihn zu dem gemacht hat, was er ist. Er ist ein Manager für Konjunkturen, also, nach heutigem Verständnis, eigentlich keiner. Nur krank ist er schon hinreichend. (Wie beiläufig auch sein Chef, der Eigentümer: Thomas Buddenbrook führt sich nicht weniger zwanghaft, nur teurer, äußerlich jene Frische und Integrität zu, die sein erschöpftes Gemüt vermissen läßt – mit feinster Wäsche, edlem Toilettenwasser, dem Hausbesuch seines Barbiers.)

150 Jahre nach Herrn Marcus läßt Hans Fallada in *Wolf unter Wölfen* einen Jungmanager wider Willen auftauchen, der alle Freuden und Konflikte dieses Standes an sich erfährt: Wolfgang Pagel, der Gutsverwalter Hohenlohes, ar-

beitet sich mit Widerstreben, schließlich mit Enthusiasmus in Fragen der Weizenernte, der Löhne und Kredite, der Behandlung von Sträflingen und attraktiven Gutsbesitzerstöchtern ein – und scheitert schließlich an der Eitelkeit der Eigentümer, an ihrer Willkür und dem Dünkel, der ihn, den Angestellten, trifft: das war noch vor der Zeit der Iacoocas und Schneiders, deren Ruf und Nimbus die Schlechtbehandlung schon gesellschaftlich verbietet. Denn das war vor der anonymen Konzentration des Kapitals, unserer Ära der AGs, die dem geschäftsführenden Manager all die Verantwortung überträgt, die im 19. Jahrhundert noch bei den Eigentümern lag.

Und schließlich ist da Slocum, Bob, den Joseph Heller uns in den siebziger Jahren als *den* Manager des Mittelmaßes präsentiert: eine Abteilung unter sich, diverse Männer über sich und mit größerer Hellsicht geschlagen, als den intestina bekömmlich ist. »In meinem Büro gibt es fünf Personen, vor denen ich mich fürchte. Von diesen fünfen fürchtet jeder vier andere Personen (Überschneidungen nicht gerechnet), was zusammen zwanzig macht; jeder von diesen zwanzig wiederum fürchtet sechs weitere Personen, die von mindestens einer Person gefürchtet werden. Jeder von diesen einhundertzwanzig fürchtet sich vor den restlichen einhundertneunzehn Personen, und alle diese einhundertfünfundvierzig Personen fürchten sich vor den zwölf Männern an der Spitze, den Gründern und derzeitigen Eigentümern des Unternehmens.« Bob Slocum arbeitet nicht mehr, im herkömmlichen Sinne; er ist der Märtyrer seines Scheins. Er wird dafür bezahlt, kompetent zu wirken, Furcht und Ansehen zu verbreiten, Kammgarn zu tragen, wenn man Kammgarn tragen soll, und Golf zu spielen, wenn er befördert worden sein wird. Er spinnt Intrigen und durchschaut die Regeln; und eben daß er sie durchschaut, wird ihn vermutlich daran hindern, die Spitze zu erreichen: jener naive Größenwahn, den solche Männer haben müssen, läßt sich nicht sekundär erreichen. Und wer ihn nicht hat, aber dennoch ganz nach oben kommt, stürzt sich womöglich aus dem Fenster, wenn jener saubere Zynismus, der aus der Trauer kommt, einen Betriebsunfall erleidet.

Der erste Manager war Sklave, und auch der letzte wird es sein. »Die Menschen geben sich in Miete«, schrieb Montaigne in der Renaissance; der entwickelte Kapitalismus hat dieses Prinzip zur Geschäftsgrundlage. Der Manager gibt sich in Miete mit allem, was er hat: Er vermietet seine Psyche, seine Geistesgegenwart, seine Zeit und seine Aura, und er tut dies ohne Zweck, er selbst ist reines Mittel. Deshalb wirkt Korruption bei ihm eher rührend als verwerflich: Wenn ein Gewerkschaftsfunktionär unlautere Geschäfte mit dem Kapital betreibt, verletzt er nicht nur Regeln, sondern auch Ideale. Wenn bei der Firma Opel die Fähigen abgreifen, was möglich ist, hat ihre Schlauheit nur den falschen Ort gewählt. Und enthüllt den kleinen Jungen hinter dem großen Mann, der sich immer zu kurz gekommen fühlte und anhäufen muß und sammeln, akkumulieren und ganz einfach haben, haben, haben: ein Grundstück hier und eines dort, Autos und Bungalows und, wie der Opel-Manager Küllenberg laut *Spiegel*, einen »Fotoapparat Marke Leica nebst Zubehör«. Weil er heute eine Konservenfabrik, morgen die Olympiawerbung für die Hauptstadt und übermorgen deren Verkehrssysteme managen soll, kann der Manager keine Berufserfahrung sammeln außer der, wie man soziale Projektionen auf sich zieht. »Jeden Auftrag«, singt der bebrillte Heinz Rudolf Kunze, »ohne Zögern ausgeführt / fühl' mich manchmal wie von innen unrasiert.« Der Manager ist, klassisch gesprochen, die leibhaftige Entfremdung; das Paradox des leeren Willens, ein perpetuum mobile in Kammgarn. »Hoffnungen kaufe ich nicht«, beschied Montaigne als Bürgermeister von Bordeaux seine Ratgeber. Der Topmanager jedoch verkauft, wie Vicky Leandros, vor allem Hoffnung. Auch deshalb ist es nicht erstaunlich, daß er, wie unlängst Berlusconi, die Politik als Wirkungsfeld für sich entdeckt, wenn alles andere getan: Schon Pippin der Jüngere ließ, als Sproß der erfolgreichsten Hausmeiersippe unter den Merowingern, Childerich III. absetzen und sich zum König krönen. Das war 751, und das kann morgen wieder sein. Hoffnung, bekleidet durch Entscheidungen, ist die Währung im einen wie im anderen Kreislauf. Piëch, Lopez, Iacooca, Ross Perot: der Manager ist der Regenmacher unserer trockenen Gegenwart.

Elke Schmitter

DER PRÄSIDENT

Vom einen heißt es, er habe eigentlich Papst werden wollen; das sei ihm dann aber doch eine recht freudlose Karriere erschienen. Anderer Kinderträume unterschieden sich nicht so sehr von denen ihrer Altersgenossen: Pilot, Lokomotivführer, Astronaut oder vielleicht auch Feuerwehrmann. Manche von ihnen haben sich im dramatischen Fach versucht, ein gewisser Hang zum Buch gehört zum Amt wie die Standarte auf den Kotflügel der Staatskarosse.

Fehlt es zum Selbstschreiben an Zeit oder Begabung, lassen sich Reden oder hochgetunte Interviews recht kommod zwischen Buchdeckel pressen. In der Vitrine jedenfalls macht sich der eine oder andere Literaturpokal fast so gut wie ein Friedensnobelpreis – wenngleich beides kein Schutz ist vor eventuellen Roheiten der Amtsführung. Kulturelles, immerhin, erwartet man gemeinhin vom Präsidenten, etwas mehr als eine Schirmherrschaft für die Mund- und Fußmaler oder den Besuch eines Kammerkonzerts. Nur sind in unseren Tagen für die Kultur ohnehin eher die Kassenwarte zuständig – unserem Helden bleibt selten mehr als Aufruf, Mahnung, Gelübde.

»Who needs Government?« fragte *Newsweek* unlängst in unnachahmlich bündiger Art. Die US-Kulturzeitschrift *Daidalos* stellt gar, ein knappes Jahrhundert nach Lenin und ein knappes Jahr nach dem Scheitern der Gesundheitsreform, die Rolle des Staates insgesamt in Frage. Was kann der Präsident, was die Autoindustrie nicht besser vermöchte? Ja, brauchen wir ihn denn überhaupt? Nur wenige mögen die Frage so vorbehaltlos bejahen wie der zu Kurzschlüssen neigende ehemalige Werftelektriker, der da meint, sein Land benötige einen Präsidenten, namlich ihn selbst, der »mit der Axt in der Hand« auf sein Ziel zusteuere.

Nirgendwo ein Auffangnetz

Wohlgemerkt, wir sprechen von einer Institution, die es bei uns in Deutschland allenfalls in Umrissen gibt. Nachdem, wie ein zeitgenössischer Kommentator so vortrefflich formulierte, »an der Wiege des Grundgesetzes die Gespenster von Weimar gestanden« haben, ist unser Präsident von Amts wegen ziemlich ohnmächtig; seit 1968 ist ihm sogar das Recht genommen, den Verteidigungsfall zu verkünden. Die großen Gesten und peinlichen Fehltritte auf internationalem Parkett (Kniefall in Warschau, Totenfeier in Bitburg) bleiben dem Kanzler vorbehalten. Und wenn da ein sympathisch Resignierter jüngst beklagte, hierzulande sei der Präsident »der Buhmann, auf den nirgendwo ein Auffangnetz wartet«, handelt es sich eben nicht um einen Politiker, sondern um den Vorsteher eines Fußballclubs.

Solcherart Präsidenten haben wir in Hülle und Fülle; sie leiten Taubenzüchter- und Schützenvereine, Handelskammern oder die Bundesbank – ja, gelegentlich scheint es uns, wir müßten den Mangel an *einem* Präsidenten durch Masse kompensieren, so daß wir sogar die Chefs der Bundesländer und Regierungsbezirke mit dem Präsidententitel schmükken. Vom Bundespräsidenten hingegen wissen wir so viel, daß er mindestens 40 Jahre alt sein muß und ohne Aussprache vor der Bundesversammlung gewählt wird. Er ernennt Minister, die andere ausgesucht haben, fertigt Gesetze aus, die andere beschlossen haben – ja, nicht einmal das Gnadenrecht, jenes laut Montesqieu »schönste Attribut der Souveränität«, übt er ohne Einschränkung aus. Er kann Reden halten – und sie veröffentlichen –, Staatsgäste empfangen, Verdienstorden zu-, manchmal sogar aberkennen. Recht viel mehr wird zwingend von ihm nicht erwartet.

Er darf sich für »unbequem« erklären und zugleich – wenn sein Leibesumfang und Geschmack es zulassen – sich die Anzüge auch beim Zeltmacher fertigen lassen, ohne daß darüber die Gesellschaft aus den Fugen geriete. Vom Amtskollegen am anderen Rheinufer wird immerhin erwartet, »Botschafter französischer Elégance« zu sein; aber das Oberhaupt der V. Republik ist schließlich »Garant der nationalen Unabhängigkeit und der Unversehrtheit des Hoheitsgebiets«, ein »Schiedsrichter der staatlichen Gewalt« und, so wollte es zumindest der Mann, der sich dieses Amt auf den Leib schneiderte, der General de Gaulle, »eins mit dem Glauben und der Hoffnung des französischen Volkes«. Glauben wir den Demoskopen, ist es damit auch nicht mehr so weit her; wie wir überhaupt beobachten, daß dem machtlosen Mahner die Zukunft eher zu gehören scheint als dem prachtvollen Baumeister.

Eine Republik ohne Präsident jedenfalls ist keine richtige Republik. Womit nichts über die jeweilige Regierungsform ausgesagt ist, was man leicht daran ablesen kann, daß die älteste Demokratie der Welt noch immer Königreich ist, andererseits aber noch der blutrünstigste Potentat Wert auf den Präsidententitel legt. Der diktatorische Präsident lebt gefährlich: Er muß sich vor Revolutionen und Attentaten so zu schützen wissen wie vor der Ranküne seiner Entourage. Sein Alltag ist anstrengend, der Bestand seines Schweizer Nummernkontos ist sauer verdient, denn seine charismatische Führung hält nur so lange, wie die Untertanen von der unausweichlichen Effizienz seiner Herrschaftstechnik überzeugt sind. Also muß er die Repressionsapparatur geschmiert halten und zugleich ein gewisses Maß an unwerktäglichen Qualitäten unter Beweis stellen – sei es beim Besuch in der Kinderklinik, im Krisengebiet oder bei der Abnahme der Militärparade.

Wird die charismatische Funktion allerdings, etwa durch freie Wahlen, antiautoritär umgedeutet, ergibt sich die von Max Weber so fein beschriebene Situation, in welcher der Unterschied zwischen Präsident und bloßem Beamten lediglich »ein solcher des Sinnes ist, den der Gewählte seinem Verhalten gibt«. Das ist die Herausforderung, vor welcher der Präsident steht – und sein Dilemma.

Denn die Sinngebung ist so einfach nicht: Das Abschreiten einer Ehrenformation gilt nicht mehr unmittelbar als wegweisend, eine Kranzniederlegung in Colombey-les-deux-Eglises macht aus dem Freier um Volkes Gunst noch keinen Befreier; ein Gang durchs Brandenburger Tor ersetzt nicht die *Grands Travaux*. Ja, seit man weiß, wie manch einer noch im Wodkarausch mit den Knöpfen gespielt, durch welche die Atombomben geschärft werden – und dann glücklicherweise doch nichts geschieht –, ist auch der Respekt vor dem Geheimkoffer mit den Atomcodes dahin.

Also erleben wir die Flucht in große Gesten, wie sie sinnentleerter nicht sein können: Atombombenversuche im Mururoa-Atoll, Befehl zum Sturm auf Budjonnowsk, Niederknien vor den Kronjuwelen im Prager Veitsdom ... Wo höherer Sinn sich nicht einstellen mag, wird die Bestimmung bemüht: Der Präsident erklärt, das Amt nicht bekleiden zu *wollen*, sondern zu *müssen*; er nimmt es gewissermaßen widerwillig wahr, weil Volk, Partei oder der Papst ihn dazu gedrängt haben.

Natürlich ist das in unserer Zeit nicht mehr denkbar ohne das Fernsehen. Wer ginge schon noch auf Provinzreise wie einst der General der V. Republik, der in 70 Tagen immerhin 40000 Kilometer absolvierte; oder wandern wie Naturfreund Carstens? Der moderne Präsident absolviert unter den Augen der Kameras eine Vielzahl von Ersatzhandlungen. Er macht zum fünftenmal das Silberne Sportabzeichen, joggt dem gesundheitsbewußten Volk hinterher, das es nicht mehr gern sieht, wenn ein Weiberheld im Weißen Haus sich vom Leibarzt Amphetamine spritzen läßt. Oder er denkt an alte Zeiten, setzt sich an die Spitze einer längst ergrauten Dissidentenbewegung und besetzt mal eben ein leerstehendes Kaffeehaus. Er besucht Länder, deren Namen wir nicht aussprechen können, und badet, wie es so schön heißt, in der jeweiligen Menge; schüttelt Hände, lächelt in Kameras.

Bald weiß er nicht mehr, ob er »Bürgerpräsident« ist oder »der Bürger Präsident« oder vielleicht doch nur ein Hanswurst. So gerät er ins Philosophieren, und das tut er in dem Wortsinn, den der Volksmund für solches Treiben bereithält: Er schwadroniert, oft bedeutungsschwer, meist folgenlos. Sein Philosophieren ist nie universal, hat nicht die Menschheit zum Gegenstand oder sonst ein höheres Ideal, sondern stets nur Abschnitte; wenn er von der komplexen, vernetzten Welt spricht, ist es, als wolle er uns Trost spenden, da wir diese Welt nicht verstehen noch verändern können. Ob er um Milde für die Intellektuellen bittet oder um Verständnis für die Minderheiten, ob er zu nationaler Geschlossenheit aufruft oder zu gesellschaftlicher Solidarität – immer wird er hinreichend vage bleiben, die Vorgaben der Verwaltung nicht zu verletzen, gegenüber der er die Position eines Dilettanten einnimmt.

Bei der Weihnachtsansprache tut er sich leichter als im politischen Alltagsgeschäft. Zu guter Letzt geht ihm auch der Stil ab, der seine großen Vorgänger auszeichnete, ob sie nun Pertini hießen, Weizsäcker oder Mitterrand – Grandeur und Kultiviertheit, Mut zu forderndem Denken und zur Angreifbarkeit. Die Zeiten, so scheint uns, sind nicht danach.

Bitter nimmt das bürokratische System Rache an den Bevormundungen und Einreden durch kluge Präsidenten. Dabei hätten wir ihn so nötig, als heterogenes Element in der dumpfen Homogenität des Handlungsbedarfs, der Sachzwänge und Mehrheitsfähigkeit. Wie gut könnten wir einen gebrauchen, der seinem Amt erst durch sein eigenes Denken und schöpferisches Tun den Sinn verleiht. Wir behaupten nicht, daß solche Typen ein für allemal von der Bildfläche verschwunden sind. Aber wir fürchten, wir würden ihre Sinnstiftung mangels Entertainment als »Salbadern« abkanzeln; so, wie wir Kunstwerke ablehnen, die für sich mehr als bloß ästhetische Bedeutung beanspruchen.

Reinhard Hesse

DER VATER

Als Peter Graf wegen des Verdachts der Steuerhinterziehung in Untersuchungshaft genommen wurde, zeigte er, dem Vernehmen nach, weder Reue noch Einsicht. Rund zwei Millionen Kaution waren sein Angebot, vom Richter abschlägig beschieden; im weiteren gab der Beschuldigte den kranken Helden, der es, zur Not, auch mit der ganzen Welt aufnehmen werde.

Hätte der Peter Graf, in aller Welt nur »Vater Graf« geheißen, auch für sich selbst allein so konsequent und findig, so groß und schließlich größenwahnsinnig das Geld gescharrt, gehäuft, vermehrt und vor dem Staat versteckt, wie die Anklage annimmt? Denn das Verwertungsobjekt seiner Erziehung und Inpflichtnahme, seines Ehrgeizes und seiner Planung war ja nicht er selbst mit seinen durchaus erheblichen Fähigkeiten, sondern ein Geschöpf aus seinen Lenden, ihm anvertraut und zugetan vor jedem freien Willen. Dazuhin eine Frau und einen Sohn im Schlepptau – so präsentierten die vier Grafs, mit ihrem Vater an der Spitze, eine Engführung jener Lebensform, die trotz allen Scheiterns immer wieder neu versucht wird: die Familie, um ihren Ernährer geschart. Daß die goldene Steffi es war, welche die Penunze herbeischaffte mit ihrem Kopf und ihren Gliedern und ihrem kranken Rücken, vermochte nichts zu ändern an der Macht des Bildes, das diese vier Personen vor aller Augen stellten. Einen Geschäftsführer kann man entlassen, einen Vater nicht.

Und selten entläßt er sich selbst. Wohin auch kann er gehen in unsern Tagen, wenn nicht aufs Sofa, wo eine milde Kuhle seiner wartet, neben dem Tischchen mit dem Telephon, durch das sich sonntags seine Kinder melden?

Seit alters her beschäftigen den Vater in unserer Kultur zwei Fragen: wer seine Kinder sind, und wie ihr Maul zu stopfen sei. Joseph, der Vater eines nicht von ihm gezeugten Kindes war, ist nun Geschichte: auch Peter Graf hat zweifelsfrei gerichtlich klären können, daß Nicole Meissners Kindlein nicht das seine ist. Joseph, der Ernährer, ist nicht als Vater berühmt geworden. In Europa jedoch ist es der Vater, der juristisch ebenso wie materiell, sittlich und mit Hausgewalt traditionell seiner Familie vorstand und sie ernährte, bis das Frauenrecht von dieser Allmacht etwas nahm.

Die Hochzeit dieses Mythos, von dem wir uns immer noch leiten lassen, ist jüngere Geschichte: Personifiziert vom Handwerker, der seinen Söhnen seine Fertigkeiten weitergibt und seinen Töchtern eine Mitgift, in Nürnberg beispielsweise, etwa um 1500. Es ist der Bauer aus Schleswig, der im 17. Jahrhundert seinen Erbsohn auf eine große Reise schickt, bevor er den Hof ihm überläßt. Es ist der Weber vor dem Aufstand, der seiner armen, vielzähligen Familie das Material nach Hause bringt, mit dem sie, unter seiner Anleitung, das dunkle Brot erarbeitet, von dem sie lebt. Es ist der Ladenbesitzer des 19. Jahrhunderts, der seine Kinder früh genug daran gewöhnt, das Klingeln seiner Ladenglocke als ein notwendiges Glück zu hören. Es ist der Traditionalist, dessen Erfahrung und Wissen noch für die Erben taugt, und der als Patriarch nach seinem Gusto die Familie führt, bis ihn das Alter in den Lehnstuhl abruft, von dem aus er das Weitere überblickt.

All dies ist nicht mehr wahr. Der heutige Familienvater verschwindet morgens ins Büro, aus dem er gegen fünf Uhr heimkommt. Er kann selten erklären, was er tut, und zeigen kann er es ohnehin nicht: Eine Versicherungsanstalt ist keine Kindertagesstätte, und eine Ablage schon kaum für den verständlich, der sie führt. Der heutige Familienvater trägt nicht selten die Spuren einer Magenkrankheit im Gesicht, wenn er von seinen Vorgesetzten spricht, während der drei Minuten, welche die Mikrowelle für das Abendessen braucht. Wenn er nicht magenkrank von seiner Arbeit redet, dann existiert sie gar nicht, außer in den Kollegen, mit denen man grillt oder skatet. Sein Sohn zeigt ihm widerwillig Schulaufgaben, die er nicht versteht, und seine Tochter hört in ihrem Zimmer mit somnambulem Lächeln Popmusik, deren Texte er lieber nicht verstehen will. Dazu nehmen die Nachrichten vom sexuellen Mißbrauch seiner lieben Kleinen und der Vergewaltigung in der Ehe, ihm allenthalben zugeschrieben, den letzten Rest von Glorie, die seinem Stande jemals eignete. Er taugt als einer, dessen kleines Vermögen man einmal erben wird – in dessen abstrakter Form, nämlich als Geld. Aber er taugt nicht mehr als einer, der seinen Kindern die Welt erklärt.

Im Rückblick scheint alles einfacher, deshalb gibt die Geschichte so häufig einen flauen Trost. Wer heute noch Familienvater ist, der läßt sich auf ein Abenteuer ein: nicht nur weil die Statistik ihn hauptsächlich als Versager führt, sondern auch weil die anderen Lebensformen vielversprechend wuchern. Man könnte auch alleine bleiben und in aller Ruhe Millionär werden, im Urlaub nach Thailand reisen und des Abends seinen Opel ausfahren. Man könnte lebenslang Optionen haben, im Halbschatten der Möglichkeiten den Narzißmus unbedenklich pflegen. (Wobei sich wenige dafür entscheiden und die meisten Scheidungen von den Frauen eingereicht werden. Aber die imaginäre Belastung einer Festlegung – die bleibt.)

Seit die Gründung einer Familie in medizinischer und sozialer Hinsicht eine ganz freie Entscheidung ist, haben viele klassische Kompensationen ihre Solidität auf immer eingebüßt: Die Geliebte möchte geheiratet werden, die Kinder bespielt, die Ehefrau auch noch geliebt. Das Korsett dessen, was »man« von sich erwartet, besteht nicht mehr aus Fischgräten der Konvention, sondern nur noch aus vagen Ansprüchen des Gewissens. Die Skurrilitäten, welche die Gemeinschaft einer festgefügten Lebensform ihren Mitgliedern notwendig gestatten muß, schwinden mit dem Zwang der Sittlichkeit. Früher haben Familienväter muffeln und schlagen dürfen, ihren Lohn in Kneipen und zu Huren tragen und hin und wieder einmal toben. Heute dürfen sie nicht einmal an jedem Feierabend im Hobbykeller verschwinden, wo Hammer und Hobel, Drehbank und Schleifmaschine auf die Laubsägearbeit des Lebens warten. Denn sicher findet ihre Ehefrau, daß sie dafür nicht haben heiraten müssen – nun, da die Zeiten sie ökonomisch nicht mehr verpflichten, bei diesem Mann zu bleiben.

Und wie sollen sie altern, unsere Familienväter? Die Zeiten sind gekommen, da an allen Stränden Europas Männer im Patriarchenalter in bunten Hosen und mit freiem Oberkörper ihre Kinder und Enkel zum Federballspiel quälen, schwer atmend und den Herzinfarkt hinter der Sonnenbrille. Die Würde eines Alters, das Wissen und Erfahrung akkumuliert, schwebt uns in alten Bildern vor, wo der Großvater mit Pfeife im Lehnstuhl geachtet wegdämmert, während die Kleinen zu seinen Füßen spielen. Heute setzt sich der Pensionär in seinen Golf und trifft die Enkel an der Eisdiele, weil die Zweizimmerwohnung mit der Lokalzeitung neben dem Großbildfernseher nur noch Gehäuse einer leeren Zeit ist.

Vater Graf hat, mit seinem durchdrehenden Familiensinn, noch einmal einen Traum aufleben lassen: zumindest zwei Generationen so zu verschweißen, daß das Schicksal des einen auch das aller sein muß. Die Verflechtung wirtschaftlicher Abhängigkeiten mit persönlichen Leidenschaften, die Evakuierung jeglicher Freiheit aus dieser Kerngruppe Familie – das ist ein komplettes Sozialisierungsprogramm, wie wir es nur noch aus armen Ländern kennen. Die Schamlosigkeit, mit welcher Vater Graf für seine Kleinfamilie vermutlich gerafft und betrogen hat (und die exzessive Grausamkeit, mit der er sie darunter öffentlich leiden ließ), begegnet uns zum Beispiel in Sizilien, wo das bürgerliche Tauschprinzip seine Macht noch nicht entfalten konnte. Nicht nur die Mafia als brutalste Form von *la familia* ist ganz und gar für sich organisiert; auch der Restaurantbesitzer Antonio folgt dem Prinzip des »wir gegen alle«, wenn er mit Söhnen und Neffen oligarchisch Staat, Land und jeden Fremden als einen Feind behandelt, dessen Vorteil nur der eigene Nachteil sein kann.

Undank der Nachkommen

Der Familienvater hat es schwer. Allein noch in der Provinz finden sich Lebensläufe wie der im Nachruf auf den Franzosen Claudius Damas: da nimmt die Stadt mit Trauer von einem Abschied, der vor gut 60 Jahren geheiratet hat, sechs Kinder großgezogen, die Jugend im Judo unterrichtet, der Eisenbahn seine Arbeitskraft gewidmet und sein Alter der sportlichen Ertüchtigung der Pensionäre. Die heutige Gesellschaft hilft dem Familienvater wenig, die allgemeine

Sittlichkeit stützt ihn gering, und die Steuergesetzgebung ist ihm nicht freundlich. Die Kinder wollen von ihm nicht lange etwas wissen, und seine Ehefrau kann morgen gehen. Es spricht mit dem Verstande nicht dafür, es immer wieder zu versuchen, und doch wird es getan. Es muß also unsern Familienvater etwas Opakes mächtig treiben, so wie James Stewart in *Shenandoah*: »Wenn wir's nicht probieren, werden wir's nie machen, und wenn wir's nicht machen, wozu sind wir dann auf der Welt?«

Elke Schmitter

DER ERBE

Wer will wohl selig sterben,
der lass sein Gut den rechten Erben.

Sie gehören dazu. Sie werden ein Formblatt erhalten, Absender: Amtsgericht / Nachlaßgericht. Darauf wird stehen: Terminbenachrichtigung. Und dann werden Sie in einem kleinen Zimmer, in dem mit knapper Not ein paar Stühle Platz haben, darauf warten, was der Rechtspfleger Ihnen zu sagen hat. Sie werden nicht allein da sein. Ein naher Verwandter hat seinen Rechtsanwalt mitgebracht. Ein anderer Verwandter, den Sie für erbunwürdig halten, hat ein Testament dabei, das ihn zum Alleinerben einsetzt.

Und Ihnen wird bei dieser Gelegenheit einfallen, daß Sie dem Verstorbenen nie einen musikalischen Geburtstagsgruß in der beliebten Erbschleichersendung des Rundfunks haben zukommen lassen. Sie haben es auch versäumt, mit ihm zur Bank zu gehen, um sich seine Konten durch einen Vertrag zugunsten Dritter vorab zu sichern. Sie kommen also zum nachlaßgerichtlichen Termin allein mit dem naiven Vertrauen, es werde schon alles irgendwie gerecht zugehen bei der Klärung der Frage: Wer ist Erbe und wer erbt wieviel? Und möglicherweise werden Sie dann erfahren müssen, was es mit der Redensart auf sich hat, »noch kein Erbe mit jemand geteilt zu haben«. Lassen Sie sich einstweilen von Teubners Rechtswörterbuch aufklären: »Die schlechten Charakterseiten des andern noch nicht kennen, die besonders bei Erbangelegenheiten offenbar werden.«

Im oberbayerischen Gaißach hat dieser Tage ein 42jähriger Mann auf seinen jüngeren Bruder, dessen Lebensgefährtin und deren neunjährigen Sohn geschossen. Grund des Hasses: Der Jüngere hatte nach dem Tod des Vaters den Bauernhof geerbt, der Ältere dagegen, den der Vater für einen Taugenichts hielt, sich mit dem bloßen Pflichtteil begnügen müssen.

Gegenwart und Vergangenheit sind voll von Dramen dieser Art. Frankreich und Deutschland sind bei einer solchen Gelegenheit entstanden: Als Kaiser Ludwig der Fromme im Jahr des Herrn 840 starb, führten seine Söhne um die Hinterlassenschaft einen blutigen Krieg – an dessen Ende die Zerteilung des gewaltigen Karolinger-Reiches stand. Karl der Kahle erhielt das romanische Westfranken, Ludwig der Deutsche das germanische Ostfranken. Mit dem Streit einer Erbengemeinschaft begann also, wenn man so will, die europäische Misere. Und so geht sie auch weiter: Als im Jahre 1700 der spanische Herrscher Karl II. starb, begann in ganz Europa ein über zehnjähriges Schlachten und Morden um sein Erbe, das man als den Spanischen Erbfolgekrieg kennt.

Eine gewalttätige Erbauseinandersetzung führte früher schnurstracks in die Geschichtsbücher (in denen neben dem genannten auch noch ein österreichischer, ein bayerischer und pfälzischer Erbfolgekrieg verzeichnet sind). Heute führt ein solcher Streit zum Landgericht, und wenn es dumm geht ins Gefängnis. Die Zeiten haben sich geändert: Früher, in einer nach heutigen Maßstäben unvorstellbar armen Gesellschaft, konnte nur eine hauchdünne Oberschicht ihren Nachkommen mehr vermachen als ein paar verschlissene Möbelstücke oder eine schäbige Kate. Die wenigen Reichen, so notierte der Nationalökonom Werner Sombart nach dem 1. Weltkrieg, bildeten nur »ein paar Fettaugen auf einer breiten Bettelsuppe armer und kümmerlicher Existenzen«. Sie hießen Fugger oder Thurn und Taxis, später Stinnes und Krupp – und sie hatten so viel Vermögen, daß man es, wie es Fürst Johannes von Thurn und Taxis einmal trefflich formulierte, nicht versaufen und auch nicht verhuren, sondern allenfalls »verdummen« konnte. Die vielen, vielen anderen, die nur Nachkommen (lateinisch proles), aber kein Testament hinterließen, waren »Proletarii«. Die gibt es immer weniger: In den nächsten fünf Jahren wird in Deutschland etwa 1,7 Millionen Mal der Erbfall eintreten, wie die Juristen den Tod nennen; und dabei wird ein Vermögen von insgesamt 2,6 Billionen Mark den Besitzer wechseln. Erstmals kassieren nicht nur die Kinder von Reichen.

Das weckt die Angst der Erben vor der Begehrlichkeit des Staates: Die Erbschaftssteuer mit ihrem Jahresertrag von 3,5 Milliarden Mark ist derzeit eine Bagatellsteuer. Die Furcht davor, daß sich das ändern könnte, ist groß: Kaum ein anderes Verfahren vor dem Bundesverfassungsgericht hat deshalb eine so breite finanzielle Unruhe ausgelöst wie das über die Einheitswertbesteuerung des Betonvermögens.

Ernten ohne zu säen

Ein Erbe hat nämlich zwei natürliche Feinde: Erstens Miterben, die ihm sein Erbe streitig machen. Zweitens den Staat und seine Erbschaftssteuer. Diese trifft das Vermögen zu einem Zeitpunkt, zu dem es seinen alten Herrn verloren und der neue Erwerber es noch nicht richtig im Griff hat. Diesen psychologisch günstigen Zeitpunkt hat erstmals der römische Kaiser Augustus ausgenutzt, der die Erbschaftssteuer einführte, um das Heer zu finanzieren. Sich ihr zu entwinden, ist Ziel juristischer Kunstfertigkeit – sei es, daß Vermögen schon zu Lebzeiten verschenkt, sei es, daß eine Stiftung gegründet wird.

Die sozial- und wirtschaftspolitische Bedeutung der Erbschaftssteuer ist groß: Sie kann von der Pflege der Vermögensbildung bis zur Sozialisierung des Vermögens reichen. Und letzteres hat nicht nur das *Kommunistische Manifest*, sondern offensichtlich auch das *Alte Testament* (Buch der Prediger 2,21) im Sinn: »Denn es muß der Mensch, der seine Arbeit mit Weisheit, Verstand und Geschicklichkeit getan hat, es einem andern zum Erbe überlassen, der sich nicht darum gemüht hat; das ist Wahn und ein großes Unglück.« Es paßt dem Prediger nicht, daß der Erbe erntet, was er nicht gesät hat. Aber das hilft ihm nichts: Das Erbrecht ist in einem Atemzug mit dem Eigentum vom Grundgesetz geschützt.

Das Idealbild des Erbrechts sieht so aus: Die Liebe und Sorge für nahe Angehörige wirkt mit dem Erbfall über den Tod hinaus, vermehrt das Ansehen des Verstorbenen und erleichtert den Lebensweg der Hinterbliebenen. Die Erben rühmen deshalb sein Wohlwollen und bewahren ihm eine dankbare Erinnerung. Die Wirklichkeit ist nicht selten anders: Da gibt es die alten Leute, denen es Freude macht, jeden Monat ein neues Testament zu schreiben, um damit die Verwandten zu ködern. Da gibt es andererseits die Schmeichler, die Wohltöner und Erbjäger. Da gibt es – spätestens bei Eröffnung der Testamente und Erbverträge – Enttäuschung, Neid und Verdächtigung.

Der erfolgreichste Erbschleicher, den es je gab, war die Kirche. Die Enzyklopädien nahmen sich da schon vor hundert Jahren kein Blatt vor den Mund: »Im Mittelalter mißbrauchte namentlich die Kirche ihren Einfluß auf um ihr Seelenheil besorgte Personen zur Erlangung reicher Erbschaften und Vermächtnisse und wußte den Widerstand des deutschen Rechts gegen Testamente von schwer Kranken zu brechen.« Die Kirche war es auch, die das im germanischen Recht nicht vorgesehene Testament durchsetzte: Der Gläubige wurde dadurch in die Lage versetzt, abseits der natürlichen Erbfolge etwas pro remedio animae, also etwas für sein Seelenheil zu tun.

Die gesellschaftlichen Veränderungen weg von der Großfamilie hin zur Kernfamilie hat das Erbrecht gut gepackt: Die erbrechtliche Stellung der Ehefrau ist immer stärker geworden. Seitdem freilich, seit bald hundert Jahren, stagniert die Reform: Der nichteheliche Lebenspartner ist in die erbrechtlichen Regeln noch immer nicht einbezogen. Die Möglichkeit der Kryokonservierung von Sperma könnte das herkömmliche Erbrecht komplett über den Haufen werfen: Die inseminatio post mortem schließlich, die Befruchtung der weiblichen Eizelle erst nach dem Tod des Vaters, gibt Probleme (nicht nur erbrechtlicher Art) auf, bei denen man sich die Simplizität der alten Zeit zurückwünscht.

Bei den alten Germanen gab es nichts zu erben: Der Grund und Boden gehörte ohnehin der Großfamilie. Und die persönliche Habe – Waffen, Kleider und Schmuck also – wurden dem Toten ins Grab gelegt. Kein Erbe, kein Streit? Als die Sowjetunion nach der Oktoberrevolution das Erbrecht abschaffte, hielt das der kommunistische Staat nur ein paar Jahre durch. Und als das Erbrecht wieder genehmigt wurde, da hatten die Menschen in der Sowjetunion kaum noch etwas, das sie hätten vererben können.

Heribert Prantl

DER LEHRER

Einst trat er gravitätisch vor die Klasse, die stramm stand und keinen Mucks wagte. Denn der Herr Professor war eine höhere Instanz, ein Herrscher über Eckenstehen, Prügelstrafen, Arrest und Karzer. Herr auch über die blauen Briefe, die Myriaden von Schülerleben bedrohen, verbiegen, sogar auslöschen konnten. Der Graben zwischen Katheder und Schulbank, konnte er tiefer sein, die Feindschaft zwischen den Geknechteten, die ihre schönste Jugendblüte in den nach Öl riechenden großen Verwahranstalten, euphemistisch Schulen genannt, hinwelken lassen mußten, und eben jener Respektsperson, die sich in Gehrock, Hut oder gar Zylinder selbst ganz großartig vorkam, je überbrückt werden? In den Pennälerköpfen wollten liebreizende Traumgestalten ihr schönes Spiel treiben, bekamen aber keine Gelegenheit, weil dagegen Türme von Zahlen und Formeln, Vokabeln und Idiomen, Mauern und Dämme von Moralsentenzen, Gedichten und Katechismen errichtet werden mußten.

Heinrich Manns *Professor Unrat* bietet die reinste Façon dieser Spottgeburt, die dann auf die nackten Schenkel irgendeiner »Künstlerin Fröhlich« abfährt bis zur Selbstzerstörung. In ihrer lächerlichsten Form mit erhobenem Zeigefinger und der Stülpnase des Besserwissers hat sich Buschs Lehrer Lämpel eingeprägt, den Max und Moritz in die Luft sprengen.

Wir lachen einverständig. Als ahnungslose Komiker von Schülers Gnaden formen sie sich im Dunst der *Feuerzangenbowle*, liebenswert in ihrer Hilflosigkeit gegenüber den ständig ausgelegten Fallstricken der Schulranzenpartisanen. Feste der Schadenfreude, Hochzeiten der Karikatur. Die Kraft der Anekdote zeichnet den Lehrer bei aller Macht der Zensuren immer wieder als armen Teufel an die Wand, von dem man sich in den Niederungen der Bänke nicht vorstellen kann, daß er in der Welt jenseits der Klassen eine Lebenschance haben.

Der Gehrock verschwand, Unrats Sturz, eine alte Geschichte, die Feuerzangenbowle ausgetrunken, Lämpel zu Staub zerfallen, auch wenn nach dem II. Weltkrieg Reste jener Physiognomien noch eine ganze Weile ihr Unwesen trieben. Der Gymnasialprofessor war nurmehr ein altmodischer Titel, Verweise, Arreste, Einträge ins Klassenbuch, ärgerlich, peinlich, mehr nicht. Schlagen verboten, auch wenn in damaligen Volksschulen noch mancher Rohrstock geschwungen wurde von Lehrerinnen, die Fräulein Schön heißen mochten, in Schaftstiefeln aus brauner Vergangenheit: Schläge auf die flache Hand die milde, auf den Handrücken die harte Strafe, zerrendes Kneifen der Haut am Halse mit den Worten »Gänseschmalz ist gut fürn Hals«.

Also lebt im Lehrer auch ein sadistisches Moment. Denn ohne Lust am Drangsalieren, ohne Freude am Lampenfieber der Prüflinge, ohne Frohlocken über das Scheitern oder Verstummen der vermeintlich Faulen, Dummen, Aufsässigen, wo bliebe die Befriedigung in diesem Sisyphus-Kampf? Anbrüllen im Kasernenhofton, als befände man sich weiterhin im Krieg und habe den »Sauhaufen auf Vordermann zu bringen, Parole: Dreck ist Trumpf«, zynisches Herabsetzen dergestalt, daß man Lebenszeit mit Hohlköpfen und potentiellen Verbrechern zu verbringen habe, sei nur durch Schmerzensgeldzahlungen zu ertragen, beißende Verachtung für Langsamkeit oder Verstörung im Stile von »Du lernst es nie, weil deine einzige Hirnzelle schon voll ist, laß dir das Schulgeld wiedergeben«. Die kann der Krakeelministerpräsident nicht gemeint haben, als er jüngst seine Schulmeister als »faule Säcke« beschimpfte.

Aber was ist mit »Dr. Specht«, dem guten, gutaussehenden, bei dem aus Schule Fernsehen wird, der auf jede Mädchen- oder Knabenkrise die richtige Therapie weiß, sich bei uneinsichtigen Eltern einsetzt, das Unrathafte der Kollegen zu vermenschlichen trachtet? Der Gitarre klampft oder Drums bearbeitet, Turnschuhe trägt, die Freundin – eine in Studienratszeiten des Nachkriegs undenkbare Erscheinung – in die Disco führt, am liebsten selbst in der Bank sitzt, um die wohlige Wärme von Kuschelpädagogik zu verbreiten, die die Kluft zwischen Katheder und Klassenzimmer endgültig verdecken, in Gutmenschensprache, »humanisieren« soll.

Multiple choice und alternatives Lernen: *Faust* oder die Tageszeitung? Comics? Früher galten sie als Zeichen geistiger Verwahrlosung, jetzt outet sich Dr. Specht, bleiben wir dabei, selbst als Sammler, darum bemüht, Schülerwünschen willfährig vorauszueilen. Dahinter schimmert eine Traumgestalt durch, auch ehedem schon herbeigesehnt mit den entsprechenden Konturen, jetzt aber so recht eine »geile« Schöpfung aus dem Geiste von Vorabendserien und Jugendzeitschriften: streng, aber gerecht; objektiv, aber stets warmherzig auf jeden einzelnen eingehend; jung, um alles zu verstehen, aber souverän, um auf jedem Gebiet imponieren zu können; attraktiv, damit aus Lehre ein erotisches Abenteuer werde, aber charakterlich fehlerlos, um moralische Instanz zu sein; dynamisch frech, aber politisch korrekt; innovativ, als gäbe es keine curricula, aber nur auf der Höhe des Zeitgeistes. So läßt sich Unrat stylen, Lämpel modernisieren, Fräulein Schön liften mit dem Ziel, Animateur und Moderator zu werden.

Vor solchen Wunschbildern sind auch die einst bodenständigen Lehrer des Sports nicht gefeit, die sich jetzt vor Fernsehkameras verzweifelt um Glamour und Starqualitäten mühen. Aus der früheren Abart des Unteroffiziers und Schleifers hat sich der Trainer herausgemendelt, als Bundestrainer zuerst patriarchalisch-gerissen, dann zur Zeit der Studentenrevolte feinsinnig umgänglich, um dann als eleganter, dennoch rüde polternder Fußballehrer geradezu kaiserlichen Weltzenit zu erreichen. Der proletenhafte Trainingsanzug wich der maßgeschneiderten Seidengala. Nach solchem Sonntag bricht jeder Montag eines Neubeginns bieder und mickrig an.

Aber erst wenn wir die Perspektive über den Horizont alltäglichen Erlebens und Erinnerns weiten, zeigen sich die wahren Dimensionen des Lehrers, seines Strebens und Webens. Mögen manche in Zwergschulen und Gymnasien scheitern, so entfalten sie danach die volle Größe ihrer von Schulräten und anderen Hierarchien verkannten Mission, um etwa als Volksschriftsteller die Menschen »empor ins Reich des Edelmenschen« zu führen.

Andere vertauschen das Katheder mit der Rednertribüne und feuern berauscht vom eigenen historischen Auftrag – »Was tun?« – die Massen zu Revolutionen an, begeben sich auf den »Langen Marsch«, asketisch unerbittlich. Nach erfochtenem Sieg müssen sie bald erkennen, daß sich das Volk erneut dem Schülerdasein in Egoismus, Faulheit, Dummheit, Zwietracht, Betrug und dem »pursuit of happiness« hingibt.

Die Lehrer ergreift mosaischer Zorn, sie schlagen die Akten ihrer Geheimdienste auf und beginnen mit der Bestrafung der Schuldigen. Millionen schicken sie zum Ekkenstehen und Zwangsarbeiten in Gefängnisse und Gulags, Hunderttausende lassen sie zur Abschreckung öffentlich verurteilen und hinrichten. Sie versetzen ganze Ethnien aus ihrer Heimat ins Wildfremde, sie zwingen allen dieselbe Uniform an Geist und Körper auf, sie verbieten die verführerischen Glasperlenspiele von Philosophie, Kunst und Phantasie, sie beugen den Stolz der Andersdenkenden durch amoklaufende Massen. Und nennen es Säuberung, Kulturrevolution, formierte Gesellschaft. Am Ende sehen sie zufrieden auf rauchende Trümmer und kühlen die heiße Stirn im Wind ihres eigenen Geschichtsunterrichts. Zum Dank dafür lassen die Lieblingsschüler die Meister nach ihrem Tod pharaonenhaft balsamieren und auf roten Plätzen oder denen himmlischen Friedens zur Mahnung und Verehrung in gläsernen Schreinen aufbahren.

Diese wahren Lehrer des Volkes überragen aber die Lehrer der Menschheit, die vielleicht vorbildlich lebten, deren Sätze und Maximen aber erst von Jüngern die nötige Schlagkraft bekamen, indem sie missionierten mit Feuer und Schwert oder als große Holzfäller auftraten, wenn sie die heiligen Bäume der Heiden umlegten. Und die Schüler werden selbst Lehrer mit Unfehlbarkeitsanspruch, die den immer nachwachsenden Unwissenden ihre Schamlosigkeit, Untreue, Gier und wieder ihr Streben nach Glück vorhalten und sie daran hindern wollen. Schon werden wieder schwarze Listen ausgehängt, wird zu Strafaktionen aufgerufen, um die falschen Lehrer der sogenannten Aufklärung zu jagen, die die Fundamente der wahren Lehre verraten haben.

Der Sehnsucht nach richtigen Lehrern und Meistern ist kein Ende. Wie schön muß es zum Beispiel sein, einen Aristoteles zum Privatlehrer zu haben! Vorausgesetzt man selbst ist Alexander.

Harald Eggebrecht

DER KARDINAL

Die feierliche Verabschiedung – in Form eines Dankgottesdienstes im Wiener Stephansdom – fand ohne die Hauptperson statt. Auf den Tag genau neun Jahre nach seiner Weihe zum Erzbischof von Wien, am Tag des »Festes der Erhöhung des Heiligen Kreuzes«, wurde Kardinal Hans Herrmann Groer durch Erzbischof Christoph Schönborn abgelöst. Der Kardinal selbst nahm an seinem festlichen Adieu nicht mehr teil: er hatte sich zu diesem Zeitpunkt bereits in das Kloster Marienfeld bei Maria Roggendorf, den von ihm selbst gewählten Wallfahrtsort im tiefsten Weinviertel, zurückgezogen. Vom Wiener Kirchenvolk hatte er sich schon Wochen vorher beiläufig und informell verabschiedet – im Rahmen einer Herz-Jesu-Messe. In seiner Predigt war Groer dabei auch auf verlorene Schafe zu sprechen gekommen, derer sich zwar Jesus herzlich anzunehmen pflegte, die aber von den Menschen leider herzlos und böse verfolgt würden. Wen er damit gemeint haben könnte, ließ der Kardinal in der Schwebe.

Ein kleinlauter Abgang, nach monatelanger Wortlosigkeit, der die Hauptfrage offen läßt. Hat er? Hat er nicht? Die Anschuldigungen, die ein ehemaliger Zögling des Hollabrunner Knabenseminars und Schüler des Kardinals gegen ihn erhob, blieben unaufgeklärt – es sei denn, man schlüge eine metaphorische Eingeständnisbrücke von verlorenen zu schwarzen Schafen, was natürlich unzulässig ist. Ein Abgang, knapp glimpflich, aber deutlich betreten, manifestiert sich darin doch, auch für die künftige Wiener Kirchengeschichtsschreibung, ein unerwünschter, aber wohl nicht mehr auflösbarer Konnex: der zwischen »Kardinal« und »Keuschheitskomplex«.

Sonst ist sich die Öffentlichkeit der Körperlichkeit von Kardinälen allenfalls im Zusammenhang mit auffälliger Männermode bewußt, denkt man etwa an Fellinis klerikale Modeschauen, kaum jedoch im Zusammenhang mit Schwierigkeiten bei der Bekämpfung von Primärtrieben. Der Eintritt in den exklusivsten aller Männerbünde – es gibt weltweit nur rund 150 Kardinäle – setzt stillschweigend voraus, daß dieser Kampf längst siegreich bestanden und besagtem Primärtrieb energisch entsagt wurde. Ein Kardinal muß über solche Anfechtungen hinaus sein, so will's die Würde des Titels. Diese Würde wiederum manifestiert sich im Ehrenkleid. Das Berufsbild des Kardinals ist, so der allgemeine Eindruck, von seinem Erscheinungsbild nicht zu trennen. Gekleidet in die nach ihm benannte Farbe, rauscht der Kardinal durchs Imaginarium der Leute, rot, römisch und rangbewußt.

In Worte gefaßt werden diese populären Bilder am ehesten von populären Romanen. Dort kann man beispielsweise exakt nachlesen, wie Monsignore Stephen Fermoyle vom Heiligen Vater über seine Ernennung zum Kardinal in Kenntnis gesetzt wird. Nämlich so: »Ihre Demut ist Uns wohlgefällig, Erhabener Sohn. Aber nun hören Sie zu«, suchte Pius XI. seinen jüngsten Kardinal liebevoll scherzend wieder ins Gleichgewicht zu bringen, »Sie müssen sich nun gleich darum kümmern, die nötige Garderobe zu beschaffen. Sie wissen doch, daß Wir nur den roten Kardinalshut verleihen. Alles andere – Scharlachsoutane, Hermelincape – müssen Sie selber besorgen. Sie werden knapp Zeit genug haben, die einzelnen Stücke Ihrer Garderobe noch bis zu Unserem öffentlichen Konsistorium zu beschaffen, das, so Gott will, morgen in einer Woche stattfinden soll.«

Unter dem Purpurhut

Die Kardinalserhebung – hauptsächlich ein Garderobeproblem. Der elfte Pius, der sich hier so anhört wie eine aufgeregte Brautmutter – dank Henry Morton Robinson menschelt uns *Der Kardinal* romanweise ganz traulich an. Bis 1965 pflegte die Zeremonie der Kardinals-Investitur im Vatikan übrigens in zwei Schüben vor sich zu gehen: Verleihung des Baretts im geheimen Konsistorium, tags darauf Verleihung des roten Kardinalshutes im öffentlichen Konsistorium. Der Montini-Papst Paul VI. hat das Ritual liturgisch vereinfacht: Investitur der Neuernannten im Rahmen einer Messe in Sankt Peter, inclusive Tedeum; die Wappenzier aber, der rote Hut mit den fünfzehn Quasten, wird dem neuen Kardinal privat ins Haus geschickt. Natürlich nicht, damit der ihn aufsetzt und trägt. »Der Kardinalshut wird normalerweise nicht getragen. Er liegt in der Titelkirche und wird nach dem Tode über der Gruft aufgehängt«, informiert uns der nächstbeste vatikanische Kardinals-Knigge.

Der Purpurhut als kirchenfürstliche Insignie hat sich seit langem verselbständigt: im öffentlichen Bewußtsein sind Papstkirche, Kurie und Kardinalskollegium längst zu einer Einheit verschmolzen, sind identisch geworden, das eine wird ohne das andere nicht gedacht; das Logo »Kardinalshut« ist stärker als die Geschichte, das Zeichen entkräftet sogar die historischen Tatsachen. Kein Bild vom heiligen Hieronymus im Gehäus, sei's von Dürer, von Jan van Eyck oder sonst wem, auf dem der Kirchenvater nicht vom Ensemble seiner Attribute umgeben wäre, Schreibpult, Sanduhr, zahmer Löwe – und Kardinalshut. Auch die Kirchenväter Augustinus und Ambrosius werden in bildlichen Darstellungen gerne mittels Hut rückwirkend kardinalisiert – wiewohl erwiesenermaßen der Hut erst ab 1245 ver-

liehen wurde, erstmals von Papst Innozenz IV., und wiewohl zu Lebzeiten der Kirchenväter die Kardinalswürde noch garnicht erfunden war.
Erst ab dem sechsten Jahrhundert kam allmählich der Ehrentitel »Kardinalbischof« in Gebrauch – zunächst nur für die sieben Bischöfe der römischen Nachbar-Bistümer. Roms Kleriker begannen ihre privilegierte Stellung durch den Titel »Kardinalpriester« zu unterstreichen, die sieben Diakone oder Armenpfleger der Papst-Stadt durften sich »Kardinaldiakone« nennen. Aber erst das Dritte Laterankonzil machte 1179 die Kardinäle zu dem, was sie bis heute sind – des Papstes Senat, Kurie und Wahlgremium. Die Wahlordnung, wonach eine Zwei-Drittel-Mehrheit des Kardinalskollegiums den Papst bestimmt, ist im wesentlichen bis heute gültig.

Wie exklusiv der Klub der Kardinäle einst gewesen ist, belegen die Reformkonzilien von Konstanz und Basel, die ihre Zahl auf 24 beschränkten. Seit dem Hochmittelalter ist der Klub nicht nur exklusiv, sondern auch international: mit Papst Alexander III. begann die Praxis, auch Nicht-Römer zu Kardinälen zu ernennen. Die Exklusivität ließ übrigens ob ihrer Undurchsichtigkeit in der Außenwelt den Verdacht auf geheime Macht-Kungelei entstehen. »Im engen Zusammenwirken von Papst und Kardinalskollegium sind wohl auch einige Ursachen für höfische Intrigen, Ämterpatronage und Korruption zu suchen«, muß sogar unser vatikanischer Knigge einräumen. Es konnte nicht ausbleiben, daß das Charakterbild des Kardinals in der Geschichte schwankt. Wie denn auch nicht, wenn beispielsweise der spanische Advokat und Offizier Rodrigo de Borja mit 25 Jahren von seinem Onkel, Papst Kalixtus III., zum Kardinal ernannt wird und seinerseits, nun als Papst Alexander VI., seinen jüngeren Sohn Cesare

Borgia gar im zarten Alter von siebzehn Jahren in den Kardinalsrang erhebt.

Horrende historische Peinlichkeiten wie diese werden der Papstkirche zwar seit fünf Jahrhunderten unter die Nase gerieben, können aber, der aktuellen Wiener Peinlichkeit zum Trotz, dem fabelhaften heutigen Image eines Kardinals nicht das Geringste anhaben. Das Zweite Vaticanum hat einige denkwürdige Kardinalsgestalten sogar zu Weltberühmtheiten gemacht, wahre Weltkirchenfürsten wie Suenens, Alfrink, Döpfner, Frings und Ottaviani. Oder Franz König, nach Groers Abgang neuerdings Wiener Alt-Alterzbischof, mit neunzig immer noch das Muster eines Kardinals. Auch wenn er den Purpur fast immer nur inwendig getragen hat.

Sigrid Löffler

DER GALERIST

Meine »erste Galerie« befand sich, wo sonst, im Elternhaus. Eine Sammlung von dreißig Kunstpostkarten an einer Wand des eigenen Zimmers. Dabei störte wenig, daß die unterschiedlichsten Schöpfungen auf das Format 15 x 10 cm eingeschrumpft und von Heftzwecken entstellt wurden. Buchhandel und Galerie waren oft identisch, und man stellte sich als Schüler seine Kunstwelt aus Pappkartons zusammen, in denen die Karten neben dem neuen Böll auf dem Verkaufstisch lagen. Dort gab es auch Reproduktionen und Lithos, vornehmlich von Rouault, Chagall, Buffet, Klee und Picasso, die man zur »Bilder- und Rahmenhandlung« trug, wobei die Gespräche mit der fleißigen Verkäuferin mit dem kleinen Haarknoten und die Auswahl von Passepartout und Rahmen erheblich mehr Zeit beanspruchten, als man für den Kauf des Drucks benötigte.

Der Renaissance-Mensch par excellence, Jacopo della Strada, porträtiert von Tizian, galt, idealistisch gesehen, lange Zeit als Archetyp des Kunsthändlers. Denn auf diesem Gemälde aus dem Jahre 1567 war bereits alles versammelt, was zu den Attributen eines Kunsthändlers gehört: das lässig verstreute Bargeld, die besiegelte Expertise, der wohlwollende Blick in Manier des besorgten Hausarztes, die Lust an eleganter Gewandung und endlich die schutzlose Kunst in verführerischer Pose, alles im gediegenen goldenen Schein zutraulicher Intimität.

Strada verdankt seinen Nachruhm nicht allein dem Malerfürsten Tizian. Der aus Mantua stammende Künstler und Gelehrte war von 1558 bis 1578 Architekt und Hofantiquarius dreier römischer Kaiser: Ferdinand I., Maximilian II. und Rudolf II. In Venedig sollte er in großem Stil Antiquitäten und zeitgenössische Kunstwerke im Auftrag von Herzog Albrecht V. erwerben. Seine Jugend verbrachte er in dem Atelier von Guilio Romano und in der feinsinnigen, humanistischen Atmosphäre des Hofes der Gonzaga. Hier legte er den Grundstein für seine beachtliche Bildung. Seine Kenntnisse der klassischen Architektur erwarb er sich durch fleißiges Kopieren von Münzen der griechischen Antike und der römischen Kaiserzeit. Man darf vermuten, daß Tizian während der Arbeit genüßlich mit dem weitgereisten Herrn parlierte.

Auch Watteaus Gemälde von 1720 »Das Ladenschild für den Kunsthändler Gersaint« zeigt im Dekor des galanten Jahrhunderts Kunden und Händler in wundervollen Gewändern, die Herren mit Allongeperücken, die Damen in schillerndem Atlas. Offenbar hat es damals nie geregnet; der Laden eine offene Bühne auf einer Brücke der Seine.

In diesem Jahrhundert haben große Namen wie Daniel-Henry Kahnweiler, Paul Cassirer und Alfred Flechtheim den Beruf auf ihre Weise geadelt. Sie waren nicht länger Kaufleute mit schwer definierbarer Ware, sondern Überzeugungstäter. Sie betrachteten sich nicht als Kunstvermittler, Arrangeure, gar Art Consultants. Es wurden keine Karrierestrategien entworfen, keine Marktausschöpfung diskutiert, sondern sorgfältig der Umgang mit Künstlern und Käufern gepflegt. Kahnweilers Geschäfts- und Freundschaftsbeziehung mit Picasso dauerte fast 70 Jahre. Der Protestant aus Mannheim war ein geduldiger Mann, der an das Genie seiner Protagonisten glaubte. Der »Urzeuge des Kubismus« bezeichnete sich als »Marchand de tableaux«, während er den deutschen Enthusiasten Wilhelm Uhde als »marchand d'amateur« einstufte. Kahnweiler genügte als

Galerie ein Raum von vier mal vier Metern in der Rue Vignon in Paris.

Die Metamorphose vom Kunsthändler zum Galeristen fand vermutlich in den fünfziger Jahren statt. Auch die ersten Galerieräume des legendären Alfred Schmela in der Düsseldorfer Altstadt waren winzig. Der Mann hatte den Charme eines Zirkusdirektors und sprach nur eine lebende Sprache: Düsseldorfer Platt. »Dat Bild is jut« genügte als Expertise und wurde weltweit verstanden. Plötzlich war nicht mehr vom Händler die Rede, vielleicht auch aus Delikatesse, weil seine Mutter einen Obststand auf dem Markt hatte. Weder Beuys noch Uecker, weder Piene, Fontana, Tinguely, Immendorff noch »Yves le Monochrome« sprachen von ihrem »Händler«. Schmela war der Beweis, daß ein Galerist fettleibig, extravagant, ein Bohemien und »originell« sein konnte. Er besaß eine angeborene »emotionale Intelligenz«, Instinkt, Intuition. Wie Kahnweiler mochte er für sich so recht keine Sammlung aufbauen, wollte vielleicht nicht der Versuchung erliegen, die besten Stücke für sich zu behalten.

Was einst die Samtanzüge bei Schmela waren, sind jetzt die lässigen Armani-Jacken. Auch schlanker sind die Galeristen geworden. Sie trinken weniger Bier und mehr Champagner, fahren teure Autos, steigen in den besten Hotels ab, ihre Bibel ist der *Guide Michelin* und das Neue Testament der *Gault Millaut.* Sie sind bei der Biennale in Venedig weitaus öfter in »Harrys' Bar« zu sehen als in der Accademia. Der Louvre ist ihnen fremder als die Adressen von »Relais & Chateaux«. Ihre Galerien sind von erlesener Schlichtheit: nur Kunst, vielleicht ein Möbel von Mies van der Rohe oder ein Stuhl von Marcel Breuer, und auf dem Schreibtisch der Assistentin eine chinesische Vase mit einer einzigen Blume, eine Calla, als sei sie von Ellsworth Kelly in den Raum gezeichnet.

In den großen New Yorker Galerien bewegen sich die jungen Mitarbeiterinnen, meist höhere Töchter mit dem Hang zum noch Höheren, gazellenhaft. Wenn sie um einen Katalog oder um eine Abbildung gebeten werden, schweben sie in ein kleines Büro – mit einer roten Kordel von der gemeinen Welt der Gaffer getrennt. Dort thront der Galerist, blättert spielerisch in Katalogen, telephoniert und wartet auf sein *lunch appointment*. Auf dem Tisch liegt ein Stapel Ektachrome. Der Lichtkasten ist diskret von Büchern verdeckt, als handele es sich um ein Milchglas zum Auswerten von Zahnfilmen.

Die Bescheidenheit eines Heinz Berggruen ist dem Größenwahn à la Gagosian gewichen, wo man als Besucher auf Marmor und Parkett in riesigen Räumen der Upper-East-Side-Gallery wandelt und sich kaum traut, nach Preisen zu fragen, obwohl ein Gesetz des Staates New York verlangt, daß der Preis jeder *merchandise* zu nennen oder auszulegen ist. Auch die Loftgalerien in Soho in der Größe frühromanischer Kirchen verströmen jenen einschüchternden Weihrauch der Kennerschaft.

Schaufenster? Wie gewöhnlich! Kunst ist etwas Geheimnisvolles, muß aufgesucht, gesucht werden. In Deutschland gibt es als Alternative die herrschaftliche, stuckbewährte Gründerjahr-Villa, aber auch, von Amerika inspiriert, ehemalige Tankstellen, Webereien, Fahnenfabriken und alte Lagerhäuser. Alle umgerüstet zu Kundenfallen, wo hinter stets frisch gekalkten Wänden der Galerist dem unsicheren Besucher auflauert, ihn kurzerhand zum Connaisseur aufwertet und ihm Formate offeriert, die die Abmessungen seines Wohnzimmers beträchtlich überschreiten.

Es passiert auch, daß er ihn in raumgreifende Installationen zerrt, die Dunkelheit und Videowände verlangen und vom Besucher fordern, sich von Bett und Familie zu trennen.

Das gute alte Tafelbild hingegen wird zur Nischenkunst, bleibt aber als Wertanlage ein neuer Gesichtspunkt, Ware, die im Safe verborgen der Wertsteigerung harrt. Der Galerist simuliert die Verwandlung von Leinwand in Banknoten: Die Galerie wird zum Bankinstitut, das gleichzeitig die Geldscheine druckt und bewertet, ein autarkes System, kommunizierende Röhre zwischen Markt und Museum. Vom Heger und Pfleger der Künste mutiert der Galerist zum Jäger, Kunst wird zum Köder. Zur Jagd wird auf den Messen geblasen. Mannigfaltig angebotener Cappuccino oder toskanischer Landwein lockt Ahnungslose ins Labyrinth der Kojen. Mit Hilfe von Fax, Vitamin C, Internet und Handy bespielt der Galerist eine Vielzahl von Messen, gleichgültig, ob sie gleichzeitig in verschiedenen Ländern oder Kontinenten stattfinden. Seine treuen Kunden (er spricht von seinen »Sammlern«) kann er auf den Messen getrost vernachlässigen, sie kaufen ohnehin nur mit seiner Billigung und seinen Prozenten im Atelier des Künstlers oder bei der Avantprèmiere einer Eröffnung. Obwohl Diskretion beteuert wird, werden ihre Namen genannt, durchziehen sie wie ein angenehmer Duft Museen und Galerien.

Glücklicher Jacopo! Er kaufte für seine Fürsten in den Ateliers der Maler. Händler kannte er von Tuchlauben und Märkten, Händler kamen ins Haus. Der Basar war etwas für Hausfrauen und verrückte Fremde. Strada ist nicht der Ahnherr der Galeristen, sondern der Museumsdirektoren und Kuratoren. Wobei immer mehr Banken diese Rolle übernommen haben, zu bevorzugten Partnern geworden sind. Ihre Kunstabteilungen sind vergleichbar mit den Verwaltungstrakten von Museen mittlerer Größe, ihre Bestandskataloge sind üppig illustriert und oft amüsanter als die meisten Geschäftsberichte.

Der kenntnisreiche Kunde, der interessierte Laie, der begeisterte Student, sie finden heute nur schwer Ansprechpartner und Eingang ins Logenhaus der Kunst. Geheimnisvoll wie die Vorbereitung der documenta vollziehen sich die Gezeiten der Kunst, und die Auguren erwarten den weißen Rauch »Habemus Trend«. Inzwischen liegen die ersten Kataloge vor, die über »Artist Window: Art to Buy« abrufbar sind. Das imaginäre Museum von Malraux – ein virtueller Alptraum. Für den Galeristen bedeutet das, in seinem handybevölkerten Lagerhaus mit den Baulampen, den Shaker-Möbeln und im leichten Dunst von Havanna-Zigarren erst einmal auszuharren, während sich ganz allmählich der Kunstbasar in liebgewordene Genrebilder verwandelt.

Gabriele Henkel

DER ARCHITEKT

Würfel, Kegel, Pyramide – das Spiel der Körper im Licht ist von makelloser Perfektion. Architektur von idealer Schönheit baut sich vor den Augen auf. Da passiert es: Eine der meisterlich geraden Linien in der Fassade beginnt sich zu verformen. Auch andere Konturen werden plötzlich weich; rechte Winkel spreizen sich, Quadrate grimassieren abscheulich. Ganze Wände beginnen sich teigig zu verformen, als würden sie von innen geknetet; Häuser blähen sich auf, bis sie platzen und unter unflätigen Lauten in sich zusammensinken. Das ist der Moment, in dem der Architekt mit einem schrillen Schrei aus seinen Kissen hochschreckt. Schon wieder der gleiche Alptraum. Seit er versucht, die Welt mit dem Lineal zu ordnen, kehrt diese Schreckensvision regelmäßig wieder. Erst als er den Blick in der stählernen Geometrie der exquisiten Designmöbel verankert hat, kommt er langsam zur Ruhe.

Die höchste Kunst

Jahrtausendelang hat die Architektur als die höchste unter den bildenden Künsten gegolten. In allen großen Kulturepochen gehörten Baumeister zu den führenden Persönlichkeiten des öffentlichen Lebens. Ja der weitaus größte Teil dessen, was die Welt an Kultursehenswürdigkeiten zu bieten hat, ist von Architekten geschaffen worden. Heute sind die kreativen Möglichkeiten zwar durch zahllose Bauvorschriften und ökonomische Zwänge eingeschränkt, doch die Macht der Architekten ist immer noch sehr viel größer als die anderer Künstler. Vom hohen gesellschaftlichen Ansehen ist nach den elementaren Enttäuschungen der Wirtschaftswunderjahre in der Öffentlichkeit freilich nicht allzu viel übriggeblieben. Große Teile der Bevölkerung nehmen das Wort »Architekten« nur in den Mund, wenn sie sich pauschal über den Zustand der Welt beklagen wollen.

Am Auftreten kann es kaum liegen. Verglichen mit anderen Künstlern bewegt sich der Architekt selbstbewußt elegant durch die Welt. In der Menge fällt er auf. Er sieht in der Regel überdurchschnittlich gut aus. Und er weiß es auch; er weiß, was er sich und seinem Stande schuldig ist.

Natürlich wohnt unser Architekt in einem repräsentativen Altbau an einem der schönsten Plätze der Stadt. Der üppige Zierat an der Fassade des Hauses ist ihm zwar ästhetisch zuwider, doch die blitzenden Hi-Tech-Installationen, mit denen er seine Räume instrumentiert hat, machen alle geschmacklichen Entgleisungen vergessen. In seinem Architekturbüro im repräsentativen Stadtpalais hat er gewaltige Gehänge aus nackten Lüftungsrohren und futuristischen Lichtflutern unter die Neo-Rokoko-Tändeleien gehängt, damit keiner seiner Gäste auf die Idee kommt, er könne einer vergangenen Epoche nachhängen.

Auch wenn unser Architekt nicht ständig eine Brille tragen müßte, würde er, wie Corbu und die anderen großen Kollegen, eine auffällige Hebe-Konstruktion mit kreisrunden Gläsern vor seinem Gesicht installieren. In jungen Jahren hat er klobige Mountain Bikes mit wulstigen Reifen über sein Gesicht fahren lassen; heute bringt er winzige randlose Glas-Rundlinge mittels filigraner Stangen und Punkthalterungen vor den Augen in Stellung.

Auch sonst sind all die Dinge, mit denen sich unser Architekt umgibt, von ausgeprägtem Geschmack. Daß es einem italienischen Kollegen gelungen ist, den Frühstücks-Kaffee in einen spitzen Silberkegel zu bannen, daß die Milch aus einer kleinen Stufenpyramide quillt und Salz und Pfeffer in Würfel und Zylinder versteckt sind, erfüllt den Mann nach dem Alptraum der Nacht mit innerem Wohlbehagen.

Doch im Büro gibt's Ärger. Wieder ist das Team bei einem Wettbewerb in der ersten Runde ausgeschieden. Er ahnt, woran das liegt: In Deutschland werden die Architekten durch Wettbewerbe zur Stromlinienform erzogen. Der zermürbende Kampf im Rudel um die Wettbewerbsbeute hat nicht die Angriffslust geschürt, sondern den Instinkt für winzige strategische und stilistische Reflexe geschärft, für die kleinen Details und die jeweils brandneuen Spielarten des Ewiggleichen. Wenn einmal wirklich eine bis dato verpönte Grundriß- oder Fassaden-Variante bei einem prominenten Wettbewerb die Gnade der Juroren gefunden hat, sieht sich der Erfinder sofort umringt von Imitatoren, die alle glauben, den gleichen Einfall schon vorher gehabt zu haben. Die paar individuellen Erfindungen sind in dem Moment, in dem sie publiziert werden, schon zur Mode verflacht, zur Massenware verkommen.

Opfer der Zwänge?

So wundert es einen nicht, daß sich Bauten, die ihre Existenz einem Wettbewerb verdanken, fast auf den Monat genau datieren lassen. Und da Wettbewerbssieger in der Regel bei einer der nächsten Gelegenheiten selber in eine Jury berufen werden, stabilisiert sich das System von selbst; es erneuert sich aus seinen eigenen Kräften und wird resistent gegen alles Andersartige. Unkonventionelle Ansätze, die das an den Kammern akkreditierte Fußvolk von den Pfründen vertreiben könnten, werden mit der Wucht des ganzen Standes unterdrückt.

Unser Architekt fühlt sich als Opfer dieser Zwänge. Er war einer der ersten, die in den 70er Jahren mit der schrecklichen Mode der abgeschrägten Ecken Schluß machten. Er hat schon Rundbogen verwendet, als das Wort Postmoderne noch gar nicht erfunden war. Und seit einem guten Jahrzehnt macht er mit einem domestizierten Dekonstruktivismus, mit luftig-lockeren Stahl-Glas-Pavillons, die spitzwinklig ineinanderstecken, beste Geschäfte. Doch seit in Berlin ein paar Wettbewerbe mit säulenbestückten ovalen Baukörpern gewonnen wurden, will ihm nichts mehr gelingen.

So hat er das Ruder gewaltsam herumgerissen und in alle aktuellen Wettbewerbsentwürfe rasch ein paar Ellipsen und Säulen eingefügt: Da ist es, das Mini-Kolosseum, die arenaförmige Firmenzentrale; da ist der Verwaltungsbau mit dem originellen ellipsenförmigen Hof, der Wohnblock mit dem sinnigen badewannenartigen Loch in der Mitte; und auch der ovale Platz ist da, sogar städtebaulich ist er bestens für die Zukunft gerüstet. Die Juroren werden staunen.

Unser Architekt atmet durch. Nun muß er nur noch das lästige Gespräch mit dem protzigen Bauträger hinter sich bringen, dann kann er sich beruhigt in die Toskana absetzen. Doch seine Befürchtungen werden weit übertroffen. In wenigen Sätzen macht der Investor klar, daß er sich bei einem Projekt dieser Größenordnung nicht mit Ästhetik aufhalten könne. Auf einem so teuren Grundstück müsse der Bau sehr viel dichter, höher und deutlich billiger werden. Wenn der Architekt im Geschäft bleiben wolle, müsse er sich mit allen Änderungen und mit dem vorgezogenen Termin einverstanden erklären. Schließlich könnten die Kommunalpolitiker mit der Einweihung nicht bis nach den Wahlen warten.

Im turbulenten Rückzugsgefecht kann unser Architekt allenfalls ein paar Fassadendetails und eine Andeutung der städtebaulichen Grundfigur retten. Doch auch nach der totalen baukünstlerischen Demontage ist er sich immer noch sicher, daß er mit seinem Entwurf eine Katastrophe verhindert hat. Er ist überzeugt, daß die Sache gut ausgehen wird, wenn nur sein Name auf der Bautafel steht.

Jetzt aber runter zum Italiener. Nach diesem Schreck ist ein Grappa fällig. Daß er woanders etwas trinken oder essen könnte als in einem italienischen Lokal, ist unserem Architekten nie in den Sinn gekommen. Schon als Student hat er peinlich darauf geachtet, daß keine Speisen oder Getränke mit deutschen Namen über seine Lippen kamen. Zu seiner Ehre muß man freilich hinzufügen, daß er den Bauernhof in der Toskana schon gekauft hatte, als dort noch in Resten italienisch geredet wurde.

Toskanaträume

Am Wochenende wird er wieder hinunterfahren ins Chianti. In seinem alten Landhaus aus Feldsteinen hat er zwar inzwischen alle Wände versetzt, doch viele bäuerliche Details liebevoll konserviert und das Dach mit alten Ziegeln neu gedeckt. Wenn er dort in seinem Eiermann-Stuhl unter dem Feigenbaum sitzt und über die silbrig schimmernden Hügel ins Tal hinabblickt, ist er ganz mit sich eins. Natürlich würde er nie auf die Idee kommen, ein so elementar schlichtes Haus entwerfen oder gar bauen zu wollen. Doch zum Leben und zum Erholen kann er sich nichts Schöneres vorstellen. Hier wird er nicht von bauphysikalischen Alpträumen heimgesucht, und der ganz Wust der technischen Hilfskonstruktionen, ohne den in Deutschland nichts mehr geht, ist wie weggeblasen. Eine »hinterlüftete Fassade« – was bitte soll das sein?

Erst wenn er auf der Rückfahrt in Kufstein die Grenze überquert hat, wenn er die Kreationen der Kollegen vorbeirasen sieht, versinkt das toskanische Häuschen rasch im Nebel; dann melden sie sich mit Macht zurück, die Zwänge der Bauvorschriften, die stilistischen Verwirrungen, die Hysterie der Sonnenschutzlamellen, der Entrauchungsklappen, Abluftauslasser und Wärmetauscher. Dann pocht es wieder in den Schläfen des Architekten, und er drückt aufs Gaspedal: Würfel, Kegel, Pyramide – Kiste, Schachtel, Affenkäfig!

Gottfried Knapp

HERR PASTOR

Mein Vater war ein schwarzer Engel mit Flügelärmeln, scheu, ja schüchtern, mächtig durch seine Skrupel und vielgeliebt in der Gemeinde. Ein paradoxer Personenkult wider den evangelischen Geist bescheidenen Dienens im Herrn, ganz anders eben als bei den eitlen papistischen Verkleidungskünstlern. Ein schwarzer Engel, ja. Bißchen was Weißes war an ihm, wenn er zu schweben schien des Sonntags, himmelwärts in der Tiefe des riesigen Raumes. Von dort oben, von der Kanzel, wo er über seine Schüchternheit hinauswuchs, verteilte seine helle, seine besondere Predigtstimme in feinziselierter, klangreicher Syntax DAS WORT bis in letzte verstaubte Seelenwinkel; verkündend immer das eine, das protestantische Gotteswort – die Freiheit des Christenmenschen: gerecht, erlöst, selig allein durch den Glauben.

Schwarzer Engel. Auf der Höhe der Emporen sah man weiße Läppchen leuchten von der Brust des Herrn Pastor über dem fließenden Schwarz des Talars – einer schön gezeichneten Katze gleich, welche den Himmel erklimmt. Läppchen? Wie man nur so dumm sein kann. Bäffchen natürlich. Oder auch Beffchen. Weißes, angestauntes, heimlich angefaßtes, wundersames Beffchen. Redukt des Gebetsriemens. Gestärkt, gebügelt, bitte nicht zu heiß. Halbgespalten gleich uniert, ganz gespalten gleich lutherisch.

Herr Pastooor. Langgezogen, weich. Herr Pastor war einer von der alten, seinerzeit gut verbreiteten Schule, nicht ungewöhnlich ausgestattet in jener Zeit. Pastorensohn seinerseits, großbürgerlich, idealistisch-liberal gesinnt und national, hochmusikalisch, angestellt zwischen Paulus, Luther und Bach; angefochten bisweilen und heimgesucht von schuldbewehrten Gelüsten und Gedanken. Geheimgehaltenen Gedanken. Nicht bigott, in der Regel. Eine reine, vollkommene Illustration des universalen, idealisierten, selten schurkischen Pastors frei nach Goethe, vielmals bei Ibsen, Sudermann, Wilhelm Raabe (und so fort), zugehörig dem freiesten aller Stände, eigentlich freiesten, und reich gesegnet mit Selbstbewußtsein – bisweilen auch mit hoffärtigem Sendungsdünkel. Immer herausragend, allein durch das »Amt«. Heimlich dominant Frau Pastor. Keine Pfarrerin, sondern: Frau Pastor. Stellvertreterin des Herrn Pastor auf Erden und im Irdischen. Das obligate Pfarrhaus? Ein echtes Haus notabene und nicht jene muffige, müffelnde Etagen-Neubauwohnung späterer Pastoren-Epigonen.

Herausragend? Ja, weil (noch) kein zweites, kein anderes Medium die Seelen beanspruchte – außer vielleicht der allerärgste Feind des Herrn Pastor, der schreckliche Amtsbruder vom 1. Pfarrbezirk. Aber kein Konkurrenz-Medium, welches ihn hätte übertönen, übertünchen, kleinmachen können. Herr Pastor mächtig ohne Fernsehen im Lande, ohne multimediales Rascheln, ohne durchsäkularisierte Spaßgesellschaft, welche die allerchristlichste Anrufung: Tut Buße, denn das Himmelreich ist nahe herbei gekommen (Matth. 3,2) – ohne weiteres dem Blödel Wigald Boning zuschreiben würde. Immerhin alles live, Predigt ohne Mikro, die lahmende Organistin mit schleppenden Chorälen, die dissonanten Posaunen, auch das uneingeschränkte Spiel der Glocken, jener Machtfaktor aus der Höhe, den kommende Generationen als Lärmverschmutzung enttarnen würden.

Wunderbar muß es gewesen sein: Pastor im Pastorenzeitalter. Herrschend – und in Demut arrogant. Freitags ab ins

Studierzimmer, empfangsbereit für das WORT, für das Heiligste, für den Leitartikel des Protestantismus: für die Sonntagspredigt. Im Anfang war das Wort und das Wort war bei Gott und Gott war das Wort (Joh. 1,1). Dr. Faustus, überwältigt: »Hier stock ich schon! Wer hilft mir weiter fort?« Wort bei Gott – welch ein Wort im herandämmernden Wortentfernungszeitalter, und immer auch ein genuiner, fordernder Imperativ für jeden Herrn Pastor. Also dann Freitag für Freitag die Präparation der sonntäglichen Bibel-Auslegung. Direkt vom hl. Geist? Vielleicht. Manchmal. Selten.

Das Wort macht viel Arbeit. Und weil Herr Pastor aus der alten Schule kam, notierte er Wort für Wort auf ridomerker-Blättchen in der Stolze-Schrei'schen Kurzschrift, und: er memorierte die Predigt, wenn fertig. Lernte auswendig. Aber doch nicht wie ein Schauspieler den Götz!?? Neinnein, verinnerlichend, meditativ; das Wort sollte frei erscheinen der zahlreich versammelten Gemeinde – und den Herrn nicht beleidigen durch schlampiges Deutsch.

Mein Gott, wimmert Bruder Pastor anno siebenundneunzig – eine zahlreiche Gemeinde!? Zahlreich! Mein Gott, warum hast du uns verlassen!

Andere Herren Pastoren allerdings überließen sich dem freien Fall und vertrauten unvorbereitet auf Einflüsterungen des hl. Geistes. Diesbezügliche Anekdoten sind Legion. Der hl. Geist aber läßt sich nicht spotten und braust wie eine vielzüngige, anarchische Rachemaschine durchs Land, so er nur der Amtskirche eins auswischen kann. Fütterte also und infiltrierte faule Hirten mit protestantischem Nonsens erster Güte. »... Lieben Brüder, wir wollen miteinander fröhlich und getrost sein ...« salbaderten sie – oder tun es immer noch, die himmlisch gebrieften Schelme. In ernsteren Fällen, Beerdigung von zivilen Bombentoten während World War II, erreichte die pastörliche Deformation der protestantischen Heilssprache andere Höhen – Wort an die Trauernden: »Herr, lehre uns bedenken, daß wir sterben müssen, auf daß wir klug werden ...«.

Was war bloß geworden aus des sprachgenialen Luther Nachfolgern im neunzehnten, im zwanzigsten Jahrhundert? Verstrickt in geistige – gefallen in politische Sünde, der Herr Pastor samt Amtsbrüdern. Normal war es nun, eine typische »Haltung« gar, zu predigen den Armen und zu speisen mit den Reichen, und an ihrem Tische, paktierend, die Armen zu schmähen. Einer, der so war, erdichtet von G. Hauptmann in den *Webern*, hieß Kittelhans. Pastor Kittelhans. Eine wirkliche Figur.

Große Staatskirche waren die Evangelischen geworden, endlich bezwungen jener übermächtige Dogmen speiende Fels zu ROM. Und endlich abgelegt war das heimliche, das ewige Unterlegenheitsgefühl beim Anblick der Katholischen. Seit wann? Ja seit dieser Bramarbas Wilhelm II. rex die Parolen des Reiches ausgab und jene der ev. Kirche gleich mit. Thron und Altar! Die schwarzweißrote Schärpe unter dem Talar. Man verschmolz mit dem präpotenten Reich der Reserveleutnante, voran die Hofprediger, der widerliche Antisemit Stoecker an der Spitze, der Rest mit Hurra! Hurra! Hurra! hinterdrein. Wars nicht so, Herren Pastoren? Nun ja, ging vielleicht ein bißchen weit, der Stoecker, aber so ganz falsch ...

Der Führer war nahe herbei gekommen, Herr Pastor ließ ihn bei sich ein, blind im Rausch des Nationalen. In Kassel erschienen anleitende *Pastoralblätter* für »Predigt, Seelsorge und kirchliche Unterweisung«. In den Jahren des Umbruchs 32/34 erörterten sie wie selbstverständlich die »Führerschaft in der Kirche«. Herausgeber Pastor Erich Stange durfte »in dieser geschichtlichen Stunde« feststellen, daß »Staat und evangelische Kirche sich im deutschen Raum seit langem wieder auf das engste gefunden haben«. Ach, die rechten Kräfte in Kirche und Volk hatten sich allzeit herzlich lieb in jenem Reich, das von dieser Welt war. Predigt von Kirchenrat Palmer beim Feldgottesdienst der »Vaterländischen Verbände« im Juni 1929, Blankenburg, Harz: »... mit reinen Gewissen und mit reinen Waffen in den Kampf gezogen, den eine Welt voll Neid und Mißgunst jahrelang verbrecherisch gegen uns gerüstet ... Deutschtum und Christentum gehören zusammen ...«. Und Domprediger Dr. von Schwarz am Verfassungstag 1929: »Nur innerhalb der staatlichen Ordnung ist überhaupt eine Erhebung über die Tierheit möglich.« Ein solches Wort sie sollten lassen stahn, Herr Pastor, zur Mahnung in Ewigkeit!

Merkwürdigerweise wollen nachher alle Pastoren taubstumm gewesen sein, in den fraglichen Jahren. Und nur ein Traum, ein böser, muß es gewesen sein, daß auch von den Kanzeln der Bekenntnis-Pastoren seltsame Kriegsgebete aufstiegen zum Herrn, unserem Gott. »Gib dem Führer unseres Volkes Weisheit und klaren Blick ... Herr unser Gott, du hast Krieg über uns kommen lassen ... Deinem allmächtigen Schutz befehlen wir den Führer unseres Volkes ... Allmächtiger, walte in Gnaden auch über dem Führer unseres Volkes und allen seinen Mitarbeitern, daß sie den Gehorsam gegen deinen Willen fördern ...« An dieser Stelle allerdings soll der pastörlicherseits angehimmelte Führer herzlich gelacht haben: er, ausgerechnet er den Gehorsam der Volksgenossen gegen die Vorsehung fördern!!

Es muß der hl. Pfingstgeist die Selbstverstümmelungs-Exzesse der Herren Pastoren doch nicht ausgehalten haben; er kappte den direkten Draht und stieß die Diener des Herrn ins Elend. Zerstreute die Gemeinden; und jene paar Dutzend Schäflein des Sonntags singen nicht und erschauern vor Entsetzen, wenn ein biblischer Konjunktiv sie trifft. Was hülfe es dem Menschen, wenn er die ganze Welt gewönne und nähme doch Schaden an seiner Seele. Versteh ich nicht Herr Pastor, was heißt »hülfe«?? Herr Pastor (neu) versucht alles. Schneidet Grimassen in der Predigt, nennt sich Moderator, besteigt die Kanzel nicht mehr, macht Faxen wo er kann und sühnt alle Sünden der Väter durch die Anführung von Betroffenheitsaktionen mindestens bis ins fünfte Glied. Dienstwohnung frei, immer noch, aber millionenweit von alter Pfarrhaus-Herrlichkeit entfernt. Beffchen kostet mittlerweile 12, wenn feiner: 30 Mark, Talar, Cool Whool mit etwas Polyester: 300. »Die Kirche« zahlt drei bis sechs, brutto wahrscheinlich. Und welchen Herrn Pastor der Herr züchtigen will auf besondere Weise, den schickt er in die ehem. heiml. Hauptstadt und läßt ihn »Das evangelische München-Programm« von McKinsey & Company, Inc. erleiden. McKinsey. Was für ein kleiner Prophet. McKinsey blätterte in seinem Musterbuch protestantischer Ethik und offenbarte der Kirche die immer gleiche Rezeptur: Kernkompetenz verbessern und Angebotskonzept, Stabsstellen einrichten und Controlling ... und so fort. Dann werde das vergilbte Produkt Kirche zu glänzen beginnen, werde die Halt, Sinn und Wert stiftende Botschaft des Evangeliums allen denen, die im globalen Kostenwettbewerb Not litten und Hilfe riefen, Trost zu spenden vermögen. Niemand lacht.

Arme Hirten. War einmal so, daß der erleuchtete und ein bißchen wahnsinnige Herr Pastor – samt seinen Kindern – auf dem alten Bildungs-Substrat des Protestantismus prächtig gedieh und fruchtbar den Geist der Welt mehrte. Siehe Lichtenberg, siehe Gottfried Benn, siehe Kipling. Jean Paul, Hesse, Nietzsche (Pastors Kinder) – siehe Swift, der bittre Bösewicht, oder Lawrence Sterne, welche ...

Die unseren, die heutigen Leuchtfeuer heißen Fliege (Bayerischer Rundfunk), Hintze (CDU) und Hahne (ZDF und BamS). Eine jegliche Zeit hat Pastoren, welche sie verdient.

Claus Heinrich Meyer